Google liquido

Giorgio Taverniti

Google liquido

Hacia una nueva Internet

Traducción de Carlos Gumpert

HOEPLI
ediciones

Título original: *Google liquido*

correo electrónico: info@hoepliediciones.es
www.hoepliediciones.es

ISBN 979-12-5499-006-3

Primera edición: junio de 2023

Proyecto editorial: Maurizio Vedovati – Servizi editoriali
Revisión de la traducción: Xavier González Rovira
Imagen de cubierta: Alamy

Impresión: Rotomail Italia S.p.A. - Vignate (MI)
Impreso en Italia - Printed in Italy

A Cesarino Morellato

Índice

Agradecimientos XI
Prólogo XV
Querido lector, querida lectora XVII
Introducción XIX

1 Google es un ecosistema líquido **1**
El concepto de liquidez 2
El nacimiento de los motores de búsqueda verticales 3
La búsqueda universal por fin 5
Más allá de las palabras 8
Adiós, motores de búsqueda 10
La mayor revolución de Google desde sus inicios 12
Las *zonas de visibilidad* en Google 14
Un nuevo SEO 15
Los tres medios sociales de Google 17
Un nuevo marketing digital 21

2 La búsqueda: cómo funciona Google Search 25

Cómo funciona la búsqueda de Google 26
Un funcionamiento cada vez más desconocido 26
Organizar la información del Mundo 28
Las fases del *ranking* 30
- El significado: la primera fase del *ranking* 31
- La pertinencia: segunda fase del *ranking* 40
- La calidad: tercera fase del *ranking* 46
- La usabilidad: cuarta fase del *ranking* 47
- El contexto: quinta fase del *ranking* 50
- Conclusiones para la fase de *ranking* 51

3 Detrás de una búsqueda 55

La barra de búsqueda 56
El uso de la inteligencia artificial 57
La coherencia comunicativa 60
El viaje del usuario alrededor de la sesión de búsqueda 61
- Antes de una búsqueda 62
- La sesión de búsqueda 64
- Después de la sesión de búsqueda 67
- Conclusiones 68

Las emociones como parte de las necesidades 69
Ejemplos prácticos de emociones y coherencia 73
- Una duda gramatical 73
- Mudarse a un sitio 76
- Profesión y ciudad 76

Cubrir y acortar las sesiones de búsqueda 77
El motor de búsqueda interno: el oro escondido 79
La SERP es líquida 81
- Liquidez en los contenidos 81

Liquidez en la forma 85

4 Los frutos de la búsqueda: adiós contenido, bienvenidos recursos 91
La estrategia de las palabras clave 92
El messy middle 95
Salir del messy middle 98
Telefonía móvil 101
Moda 102
Pernos 104
Escritura para las personas: la negrita 106
El bulo de la longitud de un contenido 109
Desvinculémonos un poco del SEO al escribir 112
Qué se entiende por recurso 113
¿En qué consiste la multidimensionalidad de un recurso? 115
Noticias multidimensionales de calidad 116
Otros ejemplos de recursos multidimensionales de calidad 122
Divulgación y formación 122
Investigación 124
Zonas de interés: la distribución de los recursos 125
La calidad para Google 126
Propósito y propósito benéfico 128
Contenido principal y contenido secundario 129
E-A-T 131
La cantidad para Google 133

5 La práctica del SEO 135
¿Qué es el SEO? 136
Razones de la práctica de investigación 137
Convertirse en SEO 139
Cómo convertirse en SEO 140
El SEO es indivisible 142
El SEO se compone de unas cuantas certezas 145

6 **Los medios sociales de Google** **153**
Adiós a las redes sociales 154
¿Qué hemos de considerar como medios sociales? 156
Google Discover 159
Google Maps 163
Las Web Stories: un híbrido 166
La integración de los medios sociales en el ecosistema de Google 167

7 **La televisión del mundo: YouTube** **171**
El mundo nunca volverá a ser el mismo 172
La visibilidad de un contenido de vídeo 174
El estudio de los algoritmos de YouTube 175
Los principales algoritmos 177
El SEO en YouTube 178
La página de inicio de YouTube 178
Los vídeos recomendados 182
Los contenidos de YouTube 182
Los shorts o vídeos cortos 183
La integración con el ecosistema de Google 184

8 **La publicidad líquida** **189**
Una filosofía empresarial 190
La primera publicidad líquida real 190
La publicidad en el mundo que nos rodea 193

9 **Conclusiones: Internet es líquido** **197**
El nacimiento de los ecosistemas: Google y otros ejemplos 198
La apertura de los ecosistemas 201
Internet es líquido 202

Agradecimientos

Quiero dar las gracias a toda la comunidad de Connect.gt que desde hace 18 años es un faro constante para navegar por las noticias de Internet: discutir diariamente con expertos y expertas del sector me permite mejorar, crecer, ponerme al día.

Lo mismo ocurre con el equipo de Search On Media Group, chicas y chicos que me consienten un intercambio diario de ideas. Han sido años increíbles, en los que hemos hecho cosas realmente importantes, que nos han costado mucho esfuerzo. Pero si conseguimos mantener abierta la mente es porque se ve estimulada por proyectos en los que se han aplicado o vislumbrado las cosas escritas en este libro. Se trate de un acto en el que se discuta de didáctica o de una comunicación a la que se ha de dar curso a través del correo electrónico y de las redes sociales, la sustancia no cambia: se produce una contaminación total. Rebecca, Vito, Gaia, Lisa, Andrea, Viviana, Ingrid, Francesca, Simone, Davide, Roberto, Alessio, Stefano, Sara, Mathiz. Y Daniela. Gracias.

La constante actividad de investigación sobre lo que sucede en nuestro mundo es una pasión que comparto con el equipo de Search

On Consulting. El valor añadido de poder trabajar con personas como ellos no tiene precio: realizar proyectos de consultoría sobre el mundo del marketing digital, hablar de comercio electrónico, SEO, analytics, publicidad, etcétera, con gente muy experta ofrece una visión completa de este sector. A todos se nos ocurren ideas, pero si luego no podemos aplicarlas a los proyectos, es difícil ofrecer formación.

Y en eso yo tengo mucha suerte: vivo entre personas excepcionales, que se dedican a la formación y la consultoría. Y yo hago lo mismo. Y si hay algo que me ha enriquecido por encima de todo ha sido eso: estar entre gente más lista que yo, escuchar y compartir. Y ver como sus clientes crecen gracias a todo lo que hacen. Gabriele (gracias por la idea de los bit.ly en este libro), Lisa, Angelo, Michela, Alessandro, Francesca, Lorenza, Giusy, Elisabetta: gracias.

Y no hablemos de cuando decidimos implementar soluciones tecnológicas: Enrico, Robert, Monica. Y Andrea Dragotta, porque cualquier cosa que yo me haya propuesto hacer, él siempre estaba ahí para decirme: ¡hagámoslo!

Y si hay una persona que cada vez que me oía hablar de algo nuevo lo experimentaba en su propia piel es mi pareja, Alessia Pizzi. Si hay cosas que no pueden implementarse fácilmente en otros proyectos, ella lo ha hecho. Y puedo decirlo: funciona, tenemos los datos. Alessia ha realizado bastantes implementaciones en su sitio web Culturamente.it. Gracias.

Un agradecimiento especial a Laura Tolve, por su compromiso: me ha ayudado a que este libro sea más claro y coherente. Nunca es fácil aceptar que alguien cuestione cualquier cosa que hayas producido: un pensamiento o una frase. Laura, lo has hecho muy bien. Gracias.

Doy las gracias a Andrea Pernici y Marco Quadrella por sus contribuciones. Siempre me sorprendéis: llevamos años hablando del asunto, debatiendo y compartiendo nuestros pensamientos. Vuestra aportación es preciosa y añade valor al libro: gracias.

Y, claro está, también a Hoepli, mi editor, por esperarme pacientemente durante nueve años. En particular, a Elisa Basso, que me ha acompañado en este camino y a Maurizio Vedovati, que, a lo largo de todos estos años, cada vez que nos reuníamos, me decía: «Entonces, ¿para cuándo es la próxima edición de *SEO Power*?». Pues bien, cuando les propuse este nuevo proyecto, él, que había seguido el primero comprendió de inmediato lo que «tenía en la cabeza», y trabajó personalmente para hacerlo factible en poco tiempo. Gracias.

Por último, un agradecimiento especial a Cosmano Lombardo, no solo por su prólogo. Por estos primeros cuarenta años de amistad. Son estas situaciones en las que no es fácil encontrar las palabras. O, tal vez, bastaría con no leer la palabra de forma rápida y apresurada, con darla por supuesta porque la conocemos. Con conferirle su verdadero valor: Amistad.

Prólogo

Analizar el enfoque de Google desde un punto de vista diferente al tradicional requiere una revisión del concepto de innovación. Hoy, y en un futuro próximo, innovar equivale a anticipar el impacto positivo que cualquier sujeto o cualquier realidad puede tener en el contexto social en el que se desenvuelve. Cuanto más amplio sea el radio de acción en el que opera el sujeto, mayores serán los efectos que conformarán la vida cotidiana de todo ser vivo. Si el sujeto en cuestión, además, se mueve, razona, orienta su negocio de forma ecosistémica, el alcance de su influencia será aún más importante.

Hoy Google se mueve como un organismo, que adopta diferentes formas en relación con el mercado en el que opera, con los entornos en los que se mueve, con las comunidades con las que interactúa. Cada actividad, estrategia, herramienta que implementa Big Google se encaja dentro de un marco estructurado que anticipa constantemente las necesidades de los contextos sociales. Día tras día nuestro planeta cambia, las necesidades de los individuos se alteran, las culturas se modifican: todo está en constante evolución. Una especie de inmersión contemporánea en un mundo en continuo devenir —en nuestro caso, podríamos hablar de «Google heracliteano[1]»– compuesto por algoritmos, propuestas de valor, análisis de datos que, a diferencia del filósofo griego, intentan resolver la contraposición histórica con la corriente eleática[2]: un río en aluvión que, moviéndose de forma estratégica, parece venir a definir las características del ser humano del presente y del futuro.

Google líquido analiza el recorrido de Google, de motor de búsqueda a ecosistema articulado, aportando no solo una visión de su complejidad actual, sino dotando al lector de las herramientas más adecuadas para moverse con mayor comodidad entre las mallas de la red.

Panta Rei.

Cosmano Lombardo
Fundador y CEO de Search On Media Group S.r.l.

1. El devenir, según Heráclito, es la sustancia del ser, ya que todo está sujeto al tiempo y a la transformación. Incluso lo que a la percepción sensorial se le antoja estático es dinámico y cambia constantemente.
2. La escuela eleática, cuyo principal exponente fue Parménides, sostenía que los sentidos son engañosos y no están en condiciones de investigar el ser. Solo partiendo de premisas ciertas puede desarrollarse el conocimiento y, por lo tanto, solo el pensamiento, utilizando métodos matemáticos, puede llegar a la verdad.

Querido lector, querida lectora

Hace casi diez años que no he escrito un libro. Y el caso es que llevo diez años escribiendo uno, este mismo libro que los lectores tienen en sus manos. El último que escribí fue *SEO Power* en 2013, un libro técnico, y la idea que tenía era hacer una actualización. Pasé los primeros años tratando de comprender la mejor forma de hacerlo, luego hubo un año en el que me puse a la tarea y me encontré con un tomo de alrededor de 400 páginas en mis manos. Le había dedicado mucho empeño, entre otras cosas porque siempre he pensado que lo correcto es escribir cuando llega el momento adecuado para hacerlo. Luego dejé que todas esas páginas sedimentaran: es algo que hago a menudo. Escribo, luego lo dejo ahí. Al cabo de seis meses, vuelvo a leerlo. Si no me echo a reír de lo que he escrito, eso significa que voy por buen camino. Y lo cierto era que había algo que no funcionaba con esas 400 páginas. De modo que los seis meses se convirtieron en dos años. Cuando retomé la tarea pude darme cuenta de que todo estaba cambiando. No, no me desanimé, porque me sentí estimulado por el desafío. No quería publicar un libro que envejeciera rápidamente, así que no se lo ofrecí a mi editor. Mi sueño era publicar un libro con una visión amplia. Y en algún momento, tuve esa visión. Hace años vi lo que estaba pasando y empecé a contarlo. Mi historia se ha convertido en algo muy práctico y presente año tras año. Era cierto, estaba sucediendo de verdad. Y ahora se ha convertido en un libro. Este libro. De aquellas 400 páginas solo queda el capítulo 5, actualizado según el Google de hoy, y que me tuvo batallando hasta el final con la duda de si dejarlo o no en medio de todos los demás capítulos, que son fruto en cambio de mi pluma más reciente. He decidido dejarlo. Y lo he hecho porque este trabajo está en proceso, y no pasarán otros diez años antes de una nueva edición. Lo que los lectores van a encontrar en este libro es una transformación que nació hace unos años, que aún no se comprende del todo y de la que en la práctica solo unos pocos son conscientes. Y precisamente por eso sentí la necesidad de escribirlo: es el momento adecuado. Estoy convencido de que su segunda edición estará llena de ejemplos e historias de personas que la han comprendido y aplicado, porque muchos de los lectores sabrán aprovechar lo que viene antes que otros.

Feliz lectura. Feliz evolución.

Introducción

Adiós a los buscadores

Estamos estancados en 2007. Toda la cultura del marketing aplicado a Google se deriva de ese año y aún hoy quienes aprenden, quienes enseñan, quienes asesoran, lo hacen sumergidos en una cultura estática, sólida.

Es cierto: muchos saben que desde el punto de vista técnico han cambiado muchas cosas, pero desde el punto de vista de la visión de conjunto hay muy poca gente que se acerque correctamente a Google en la actualidad.

Porque hoy Google ya no es simplemente un motor de búsqueda, sino un ecosistema líquido.

A causa de este vacío, de esta carencia, muchos conceptos relacionados con los motores de búsqueda, no válidos ya hoy, siguen afectándonos y teniendo el mismo impacto que tuvieron en el pasado reciente.

De ahí mi decisión de escribir este libro no con un fin didáctico, ni con la intención de profundizar en aspectos técnicos, sino tratando de ofrecer una visión lo más clara posible de lo que es Google hoy —y, en consecuencia, de lo que es Internet hoy—, esto es, espacios en evolución continua. Espacios, como he dicho, líquidos.

Un libro de visión de conjunto, por lo tanto, útil para las personas que usamos Google e Internet: para quienes creamos contenidos (o, mejor dicho, recursos, que es un término que, como veremos, tiendo a preferir), para quienes los organizan u optimizan, pero también para quienes los buscan. Potencialmente para todo el mundo.

Que Google ha dejado de ser un motor de búsqueda para transformarse en un ecosistema líquido lo veremos a partir del capítulo 1. Después de algunas breves nociones históricas, abordaremos el concepto de liquidez, del motivo por el que las siglas SEO (*Search Engine Optimization*) como optimización para los motores de búsqueda se han vuelto reduccionistas y obsoletas hoy en día y, por último, haremos alguna mención a la entrada —aún hoy mal entendida— de Google en el campo de los medios sociales, tema en el que profundizaremos en los capítulos 5 y 6.

Para ayudarnos a comprender cómo aborda Google actualmente internet y cuáles son las características importantes que debemos conocer para aprovecharlo al máximo, tenemos los capítulos 2, 3 y 4:

- «Cómo funciona Google Search»: al ser el punto de acceso a todo el ecosistema, revisaremos los conceptos fundamentales que hay que conocer para deshacerse de las dudas y de la desinformación que se ha propagado a lo largo de los años.
- «Detrás de una búsqueda»: en esta parte exploraremos cómo Google intenta entender lo que la gente quiere, pero también su comportamiento cuando se plantean una búsqueda.
- «Los frutos de la investigación: adiós contenidos, bienvenidos recursos»: partiendo de las modalidades estratégicas con las que podemos abordar la creación de contenidos para las personas, llegaremos a entender el elevado grado de calidad que exige hoy Google a estos contenidos, haciendo nuestro desafío más com-

plejo. Exploraremos el tema de la escritura desde una perspectiva de «optimización», cómo consigue Google evaluar la calidad y cómo lograr optimizar nuestros recursos de modo que sean perfectos para todo su ecosistema.

Con ello habremos recorrido ya la mayor parte de nuestro viaje. Sin embargo, nos seguirá faltando gran parte del ecosistema de Google: sus medios sociales. Y a ello nos ayudará el capítulo 6 «Los medios sociales de Google», gracias al cual podremos enmarcar el contexto actual, es decir, aquel en el que el ecosistema de Google integra cada vez más las funcionalidades sociales, transformando sus productos en redes especializadas (por ejemplo, Maps, que es un medio social geolocalizado).

Después profundizaremos en dos de los tres medios sociales de Google: Discover y Maps. El capítulo 7 «La televisión del mundo: YouTube» abordará el tercer medio social, es decir, YouTube. Este entorno social es un pilar de todo internet y está muy entrelazado en el ecosistema de Google: por ello, veremos cómo funcionan los contenidos y su visibilidad y los principales algoritmos.

Si bien es cierto que Google es líquido, lo es en todas sus partes. No es una excepción la publicidad —y a ello dedicaré el capítulo 8— que ha cambiado durante 2022, orientándose hacia esta forma: las nuevas campañas publicitarias de Google se distribuyen por todo el ecosistema y, con la ayuda de la inteligencia artificial, adoptan la forma más adecuada al entorno en el que se muestran.

Además, el movimiento que he descrito, tendente a este tipo de enfoque, no afecta solo a Google, sino que forma parte de una evolución que está experimentando todo Internet. Lo veremos en el capítulo de conclusiones: los movimientos de Google son más complejos y efectivos que los de Microsoft, pero van en la misma dirección, es decir, en la de una descentralización que conducirá a una distribución más amplia y polifacética de la información.

Por último, una pequeña nota: advertirá el lector algunas palabras en los textos que definen nuevos conceptos para nuestro sector, que considero importantes, pero que aún no tienen un «nombre». De hecho, un objetivo que llevo persiguiendo desde hace muchos años es el uso de las palabras correctas para indicar nuevos conceptos del SEO. Un sector como el nuestro tiene una auténtica necesidad de ponerse de acuerdo sobre los significados que damos a las palabras, de lo contrario corremos el riesgo de no entendernos y no entender siquiera las evoluciones pasadas y cuál será el futuro de Google.

Os doy mi más cordial bienvenida. Buen viaje.

1 Google es un ecosistema líquido

El concepto de liquidez

En este capítulo, después de algunas breves nociones históricas que nos ayudarán a proyectarnos en una correcta visión del Google actual, abordaremos el concepto de liquidez, los motivos por los que el acrónimo SEO (*Search Engine Optimization*), como optimización para motores de búsqueda, se ha vuelto hoy reduccionista y obsoleto, y nos limitaremos a aludir a la entrada —todavía hoy mal entendida y quizá incomprensible— de Google en el campo de los medios sociales.

El motor de búsqueda nació en 1997 como una simple barra donde buscar las páginas que este sistema consigue encontrar en Internet. Más adelante Google empieza a crear motores de búsqueda verticales que nos permiten encontrar diferentes tipos de contenido, imágenes, noticias, vídeos, que recoge por separado: es decir, para buscar imágenes hay que ir a una dirección diferente. Pero en 2007 decidió que era hora de fusionar todas sus búsquedas verticales y ponerlas a disposición en la barra de búsqueda principal, creando la función de Universal Search o búsqueda universal.

En 2012, sin embargo, dio el primer paso evolutivo histórico hacia una búsqueda más compleja: va más allá del análisis de palabras, empieza a plantearse la creación de una base de datos de conocimiento basada en entidades. Es la base que nos permite llegar al uso de la inteligencia artificial en la búsqueda.

Y en los años siguientes completa su gran revolución, uniendo todas las propiedades de Alphabet (la empresa matriz) de forma interconectada: fue el nacimiento de un ecosistema líquido que permite a Google mostrar cualquier cosa. Hoy, en la barra de búsqueda no solo tenemos la posibilidad de buscar información, sino también de leer noticias personalizadas para nosotros, enviar un comando de voz, enmarcar algo en el mundo físico y obtener información.

Cada información que Google conoce hoy puede mostrarse en el lugar correcto. De esta forma, por ejemplo, un vídeo no solo se muestra en determinadas zonas geográficas, sino que puede aparecer en cualquier parte. Y cualquier parte de su ecosistema puede acceder a toda la información.

Naturalmente, para poder moverse con facilidad y eficacia dentro de esta nueva «estructura» líquida de Google, conviene conocer los «mecanismos» que la caracterizan y constituyen la «suma» de las evoluciones experimentadas desde 2007 hasta la actualidad.

Tratemos pues de analizar esta trayectoria.

El nacimiento de los motores de búsqueda verticales

23 de febrero de 2000.

Los premios Grammy se celebran en el Staples Center de Los Ángeles. El actor David Duchovny (el detective Fox Mulder de Expediente X) sube al escenario y dice: «Esta es la primera vez en cinco o seis años que estoy seguro de que nadie me mira». Según sus predicciones, todos miraban a Jennifer Lopez, quien lucía el ya famoso Jungle Dress de Donatella Versace.

Lo que nadie sabía es que además de mirarlo, también lo estaban buscando en Google. Eric Schmidt[1], director ejecutivo de Google desde 2001 a 2011, declaró: «En ese momento, era la query[2] de búsqueda más popular que jamás habíamos visto. Pero no disponíamos de una manera segura de darles a los usuarios y las usuarias exactamente lo que querían: JLo con ese vestido. Así nació Google Image Search[3]».

Google captó de inmediato esta necesidad de las personas y lanzó un nuevo servicio. Este *modus operandi* es intrínseco a la cultura del motor de búsqueda y ha dado forma a la cultura laboral de la mayoría de las profesiones digitales. Pensemos, por ejemplo, en el trabajo del

1. En Project Syndicate – 19 de enero de 2015, https://bit.ly/giorgio2.
2. La query, en informática, es una petición que hace una persona a una base de datos. En este caso específico, adquiere el sentido de búsqueda.
3. Google Image Search es el servicio específico de Google que se ocupa de la búsqueda de imágenes y puede encontrarse en la dirección: https://bit.ly/giorgio3.

posicionamiento: una enorme investigación sobre qué y cómo buscan las personas precede a cualquier estrategia que pueda implementarse en los motores de búsqueda. Muchas veces se trata de crear una nueva página o de actualizarla, otras veces se trata precisamente de lanzar una nueva sección del sitio o de revisarlo completamente en su plataforma tecnológica. Cualquier acción se determina sobre la base de las necesidades y requerimientos de los usuarios.

Schmidt cita el nacimiento de Google Image Search como el primer paso hacia la innovación continua. Una innovación que surge del comportamiento humano, como muchas de las que implementarán Google y otras empresas. Efectivamente, la innovación tiene mucho que ver con nuestro comportamiento y nuestras necesidades.

Todo esto surge de una simple consulta, que sin embargo quizá no sea tan simple, dado que existe incluso una página de Wikipedia[4] dedicada al famoso vestido cuyo nombre no es el del vestido (Jungle Dress): la página en efecto ha tomado su nombre de la búsqueda realizada en Google por los usuarios [green versace dress of Jennifer Lopez][5].

El mismo destino corrió Google News en 2002. Krishna Bharat, inventor de Google News, declaraba en el boletín que Google envió a sus más fieles usuarios en julio de 2003 : «Después del 11 de septiembre, me di cuenta de que sería útil ver noticias procedentes de múltiples fuentes sobre un tema determinado reunidas en un único lugar[6]».

El ataque a las Torres Gemelas había generado un aumento repentino en las búsquedas. Las páginas del buscador no estaban actualizadas, dado que por aquel entonces podían pasar incluso unos días antes de que se vieran los cambios. Google cambió su página de inicio para

4. La página de Wikipedia: https://bit.ly/giorgio4.
5. Cuando una palabra o frase se coloca entre corchetes, para los SEO corresponde a una búsqueda en Google. Me parece necesario aprender un lenguaje común, porque el tema es muy complejo y muchas veces se usan las mismas palabras para decir cosas diferentes.
6. Boletín en Webarchive: https://bit.ly/giorgio5.

insertar un enlace a una página donde se recopilaban todas las fuentes más autorizadas y todos los sitios oficiales de utilidad.

Google Imágenes y Google News se consideran los motores de búsqueda verticales de Google, las primeras innovaciones de Google en superar los «10 link blu», es decir, el nombre que todo el mundo daba a la página de inicio de Google en aquellos años.

Fueron necesarios casi cinco años para dar ese pequeño paso adelante e ir más allá de los simples vínculos. Pero ese era solo el inicio.

La búsqueda universal por fin

16 de mayo de 2007.

Con una publicación en el blog oficial de Google, Marissa Mayer[7] (en ese momento VP Search Products & User Experience en Google) lanza Universal Search: «Hoy ponemos a disposición de los usuarios este primer paso en google.com, lanzando la nueva arquitectura y usándola para fusionar los contenidos de imágenes, mapas, libros, vídeos y noticias en nuestros resultados web»[8].

Una nueva visión irrumpe en Internet: se trata de un paso que resultará fundamental. Mientras que antes, para buscar una imagen había que ir a la página dedicada a Google Imágenes, a partir de ese momento bastaría con utilizar el buscador. Desde entonces, todo es englobado por la Búsqueda. Así, buscando cualquier palabra, es muy fácil encontrar imágenes, vídeos, noticias y mucho más: una maravillosa mezcla de contenidos para explorar a través de enlaces para cada tipología de recurso (imágenes, vídeos, noticias, etc.).

En cualquier caso, conviene prestar atención al funcionamiento de esta nueva arquitectura. Imaginemos que buscamos la palabra [perro]. Google, con la introducción de la Búsqueda Universal, compone los

7. Marissa Meyer entró a formar parte de Google en 1999: fue la primera ingeniera contratada por Google y se encuentra entre los veinte primeros empleados de la empresa. Fue consejera delegada de Yahoo! de 2012 a 2017.
8. La publicación de Marissa Mayer puede verse en https://bit.ly/giorgio6.

resultados de búsqueda insertando otros recuadros además de los clásicos diez enlaces azules. En el caso de imágenes especialmente relevantes, también aparece un recuadro dedicado precisamente a darle mayor importancia. ¿Qué imágenes? Las mejor posicionadas dentro del buscador vertical de Google Imágenes. Lo mismo se aplica a Google News. En la práctica, se destaca el mejor contenido de cada servicio específico de Google.

Hoy en día, la Búsqueda Universal sigue activa y permite a todo el mundo navegar y «descubrir» los contenidos más relevantes. En consecuencia, quienes, por profesión o por pasión, se dedican a ir creando contenidos para subir a la red (textos, vídeos, imágenes) con el objetivo de hacerlos visibles, dada la evolución actual deben tomar en consideración necesariamente la Búsqueda Universal y el hecho de que ya no destaca en primer lugar los mejores contenidos posicionados en los servicios específicos en el orden en que aparecen en estos. El orden ha cambiado, en efecto, porque Google es consciente de que hay un contexto diferente entre Google Imágenes y la Búsqueda de Google.

Con todo, lo que es más importante, en la actualidad la búsqueda ya no es universal. La Búsqueda Universal es solo una pequeña parte de ello. Buscando la palabra COVID [covid] podemos ver algo muy interesante en la figura 1.1: la aparición de etiquetas de color rosa que representan posibilidades de profundización específicas de la búsqueda realizada.

Este es un ejemplo de cómo la Búsqueda ha adoptado diferentes formas y los contenidos se muestran de manera diferente.

Así pues, vemos que además de Resumen tenemos Noticias, Estadísticas, Pruebas, Síntomas y más. Al hacer clic, puedo profundizar en los resultados de la búsqueda con información que atañe solo al tema presente en la etiqueta.

Bajando en la búsqueda realizada, podemos encontrar recuadros de información con respuestas precisas o recuadros que nos invitan a profundizar en la búsqueda (esto sucede para muchas búsquedas). Además, encontraremos contenido de servicios de terceros, como Twitter.

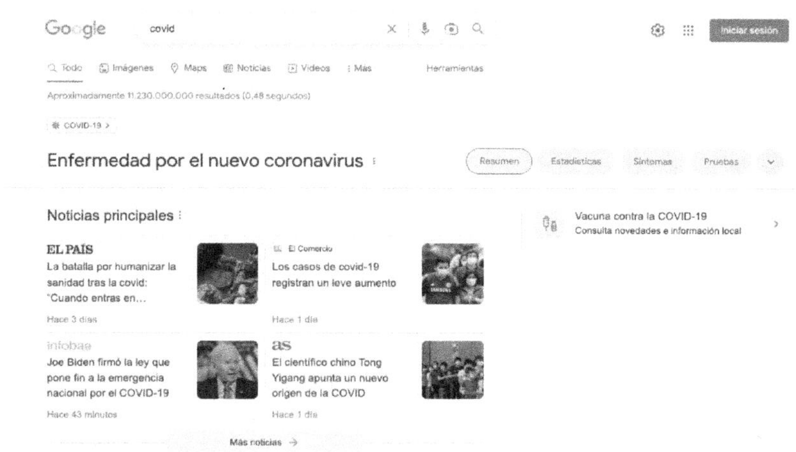

Figura 1.1 – La imagen representa los resultados de búsqueda de la palabra COVID.

Hay búsquedas donde se resaltan los vídeos de TikTok o el cuadro «Buscar resultados en» para las búsquedas de restaurantes que remiten a TripAdvisor, Facebook, etcétera.

Y estas peculiaridades no provienen de la Búsqueda Universal.

El funcionamiento de Google con respecto a la composición de los resultados de búsqueda, por lo tanto, ha evolucionado hacia una forma menos estática: ahora está más interconectada, y es más abarcadora y multifacética.

Pero nosotros seguimos estancados en el 16 de mayo de 2007. Toda la cultura de marketing aplicada a Google arrastra consigo esta visión antigua, fragmentada, rígida e incluso potencialmente peligrosa: quien trabaja con Google trabaja a muy largo plazo. Nos suele pasar a quienes producimos contenidos: pensemos en el daño que podríamos causar al crear contenidos equivocados durante tres años. Y pensemos en lo que les está ocurriendo ahora mismo a muchos periódicos, y que lamentablemente seguirá siendo así si no damos un paso adelante todos y todas.

De hecho, incluso hoy en día, la gran mayoría de las personas optimizan su contenido para la Búsqueda Universal. Aun diré más, optimizan sus contenidos según cómo funcionaba Google en 2007. De hecho, muchas personas se preocupan en exceso por las palabras clave, por dónde insertarlas y por cómo insertarlas en el texto. Y, sin embargo, esta gran evolución de Google en la composición de los resultados de búsqueda ya no pasa por las palabras. No sería posible mostrar toda esa información sin utilizar un sistema diferente.

Más allá de las palabras

16 de mayo de 2012.

«Pongamos una consulta como [taj mahal]. Durante más de cuatro décadas, la búsqueda se ha centrado esencialmente en hacer coincidir las palabras clave con las consultas. Para un motor de búsqueda, las palabras [taj mahal] solo eran eso: dos palabras».

Así abre el segundo párrafo del artículo de Amit Singhal (jefe del equipo de búsqueda de Google durante quince años) que explica cómo las palabras ya no son palabras. Su título es: «Introducing the Knowledge Graph: things, not strings»[9].

Things, not strings.

Las llaman entidades, y una entidad puede ser una cosa, un lugar o una persona. Google, desde 2012, ha pasado a analizar no solo palabras sino también entidades.

El Coliseo es una entidad. Cada entidad tiene atributos diferentes (un monumento tendrá una fecha de construcción, mientras que un artista, una fecha de nacimiento). Y cada entidad tiene otras entidades relacionadas.

Google, por lo tanto, creó el Knowledge Graph, una base de datos basada en las relaciones entre entidades, y la alimenta cada vez más, tomando información de muchas fuentes. Y en los resultados de la bús-

9. https://bit.ly/giorgio7

queda muestra la información que conoce a través de cuadros informativos, llamados Paneles de Conocimiento, como los que podemos ver en la figura 1.2: buscando [hedy lamarr], vemos a la derecha información sobre la actriz e inventora con detalles sobre su vida.

No solo eso: Google tiene bases de datos de conocimiento específicas para distintas tipologías de información, pero nosotros no sabemos ni cuántas ni cuáles son. La única oficial, además del Knowledge Graph, es la dedicada a los productos que compramos: Shopping Graph[10].

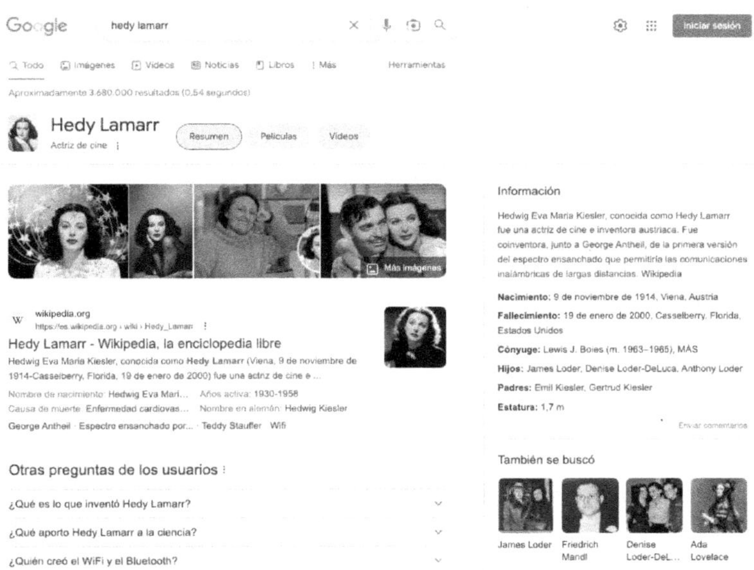

Figura 1.2 – Un ejemplo de Panel de Conocimiento.

Por otro lado, su misión es «organizar las informaciones a nivel mundial y hacerlas universalmente accesibles y útiles»[11], no organizar las palabras clave. Hoy Google es la Biblioteca del Mundo.

10. https://bit.ly/giorgio11.
11. La misión según la página oficial de Google: https://bit.ly/giorgio12.

A partir de aquel 2012, Google ha basado muchos de sus procesos en el análisis de entidades. La mayoría de las personas construyen hoy las páginas basándose solo en palabras. A esas personas les aconsejo que lean atentamente el capítulo 3, «Detrás de una búsqueda», donde quedará clara una cosa: la inteligencia artificial trabaja sobre todo con entidades, más que con palabras.

¿Todavía seguimos preguntándonos cuántas veces debemos introducir las palabras clave? ¿Hoy en día?

Tendremos ocasión de entender cómo aplicar estos conceptos a nuestros proyectos de una manera concreta para el Google de hoy (si los lectores no lo tienen claro, estaré encantado de ayudarles a comprender cómo funciona internet). Y voy a dedicar una parte del Capítulo 4 a la escritura. No a la escritura para los motores de búsqueda, porque, dicho sea entre nosotros, ¡los motores de búsqueda ya no existen!

Adiós, motores de búsqueda

Nuestro mayor problema es tener que entender el funcionamiento de algo cuando se halla en constante innovación.

En definitiva, Google ha pasado de los diez enlaces azules a los motores de búsqueda verticales. En 2007 introdujo la Búsqueda Universal para superar más tarde, en 2012, el funcionamiento de la búsqueda de los últimos cuarenta años: es decir, la coincidencia entre la clave buscada por las personas y la clave presente en un texto. Aparecieron las entidades. A partir de ahí, una serie de algoritmos basados en la inteligencia artificial. Para comprender realmente lo que está sucediendo, debemos detenernos un momento y reflexionar.

Observemos la figura 1.3: es el *widget* de Búsqueda de Google que encontramos en nuestros teléfonos móviles. Puede verse a la izquierda una G con los colores corporativos, un largo espacio en blanco y luego, a la derecha, un micrófono y otro icono que simula un cuadrado con un círculo central.

Figura 1.3 – La imagen representa un *widget* de Búsqueda de Google en los móviles.

Ahora, siendo honestos, ¿sabéis decirme cuáles son las acciones que pueden hacerse con este *widget* y con estos iconos, que nos estamos acostumbrando a ver también en otros entornos como Google Chrome?

Porque ahí está precisamente la respuesta a la pregunta: ¿qué es Google hoy?

Para las personas que conocen el motor de búsqueda desde hace años, el uso de esa barra no les dirá nada nuevo. Pero si lo ponemos en manos de usuarios que lo utilizan por primera vez, estos se acostumbrarán a utilizar todas las funciones y, para ellos, dejará de ser un buscador.

Porque la funcionalidad de búsqueda se obtiene haciendo clic en el espacio en blanco largo; pulsando, en cambio, sobre la G, tendremos acceso a Google Discover; el micrófono activará el Asistente de Google y el otro icono, Google Lens.

Google Discover es la fuente de noticias lanzada a finales de 2019.

El Asistente de Google es el asistente virtual que nos permite realizar acciones.

Google Lens es una función que nos permite encuadrar el mundo físico y recibir información de Internet. Al enfocar un producto en un supermercado, podremos saber, por ejemplo, si hay un producto a menor precio cerca o en línea.

Son algunas de las propiedades de Google. Y, entre las propiedades de Google, ocho por lo menos alcanzan los mil millones de personas[12]: Google, YouTube, Maps, Asistente, Gmail, Chrome, Android y Play están representados en la figura 1.4.

12. La página de referencia en la que se indica el dato: https://bit.ly/giorgio13.

Figura 1.4 – Las ocho propiedades de Google que superan los mil millones de usuarios y usuarias.

Probablemente, también Google Discover alcance estos números.

La página donde se indican estos datos es la página de referencia, que Google dedica a quienes venden productos para convencerlos de que los incluyan en Google Shopping (otra propiedad de Google). Efectivamente, se pueden ceder a Google los productos de un comercio electrónico, pero también de una tienda física que no lo tenga. Y prestemos mucha atención a la frase principal de la página que acabamos de mencionar en la nota al pie sobre por qué es necesario dárselos a Google: «Muestre sus productos en las propiedades de Google y llegue a miles de millones de usuarios y usuarias, en todo el mundo y en la web».

Google no es un mero motor de búsqueda: a estas alturas, Google es un ecosistema. Y esa barra de búsqueda, antes de que alguien objete algo, no es una barra de búsqueda. Es el punto de acceso al ecosistema de Google.

Se me olvidaba: todas las empresas van en esta dirección. Microsoft, con su buscador Bing, tiene su Google Discover, que se llama Microsoft Start, y su Google Shopping, que se llama Microsoft Shopping. Cuando digo que los motores de búsqueda ya no existen, me refiero precisamente al hecho de que las realidades más grandes de Internet se han orientado todas hacia la creación de un ecosistema.

La mayor revolución de Google desde sus inicios

Creo que la mayor revolución que ha hecho Google ha sido hacer accesibles todas sus propiedades desde un único punto, creando un ecosistema líquido. La primera vez que propuse este concepto fue el 12 de diciembre de 2019, durante el acto Search Marketing Connect, en la ponencia titulada: «La revolución de Google que aún nos queda por entender». A partir de ese momento, se convirtió en el centro de mi actividad de divulgación sobre el tema: por este motivo decidí escribir un libro sobre Google líquido.

Empleo esta metáfora porque «líquido» es un estado de la materia, es decir, una forma en la que se agregan las moléculas.

En otros tiempos un contenido (por ejemplo, la imagen de una molécula) era distribuido por Google y agregado a otros, en estado sólido, o, mejor dicho, tomaba las imágenes y las insertaba de forma estática en dos áreas: en los resultados de búsqueda y dentro del motor específico de Google Imágenes. Hoy las diferentes moléculas se agregan y se distribuyen por todas partes, adquiriendo luego la forma adecuada en el entorno adecuado. Por lo tanto, una imagen se agrega a otras imágenes —aunque también a otro tipo de contenido— de forma diferente según el lugar donde aparezca. Podríamos decir, dependiendo del contenedor en el que se inserte:

- en la Búsqueda de Google a veces es pequeña, a veces está a la derecha, a veces es grande;
- en Google Discover es grande, se muestra antes del título y por lo tanto adquiere una importancia diferente;
- en Google Imágenes, si se refiere a un producto, tiene un sello que lo identifica.

Los mismos resultados de búsqueda que hoy añaden muchas moléculas varían de una búsqueda a otra y adoptan diferentes formas según la búsqueda de las personas.

Y si en otros tiempos la búsqueda era universal, hoy es mucho más: añado a lo que decía hace unas páginas que no es raro en la Búsqueda encontrar información privada que proviene de nuestro Gmail (el servicio de correo gratuito que ofrece Google) o que los datos de Android (sistema operativo gratuito ofrecido por Google) influyan en la búsqueda realizada.

Ese es el motivo por el que Google es líquido. La información que se encuentra dispersa por la Red se agrega y se distribuye en su ecosistema de modo incontrolable, allá donde el sistema considera que está mejor posicionada. La publicidad funciona igual: las nuevas campañas lanzadas en 2022 deciden gracias a la inteligencia artificial qué mensaje mostrar, dónde y por qué. Y ya no tenemos ese control, esa seguridad estática en la que teníamos la certeza de que la información iba a parar a determinado lugar y de que, por lo tanto, podíamos optimizarla para ese lugar. Hoy ha de estar optimizada para todo.

Ese Google estático, estacionario, al que todavía hoy estamos tan acostumbrados, ha muerto definitivamente. Esa mentalidad según la que le damos una imagen a Google y creemos disponer de visibilidad en los resultados de búsqueda y en Google Imágenes es cuestionable.

Damos información a Google y perdemos el control de ella. Es Google quien decide dónde acabará, cómo y cuándo.

Las *zonas de visibilidad* en Google

En Google podemos identificar al menos tres grandes zonas de visibilidad[13]:

1. Las distintas propiedades: Búsqueda de Google, YouTube, Gmail, etcétera.
2. Las subpropiedades de Búsqueda de Google: Google Imágenes, Google Video, Google News y todos los demás servicios de búsqueda vertical, incluidos Google Shopping y Google Viajes (ah, sí, un pequeño detalle: también podemos pagar con Google una noche en el hotel).

13. Un nuevo concepto: `zona de visibilidad`. Dentro del ecosistema de Google, no existe un término para identificar los lugares donde se distribuye la información. Y no hay una categorización de estos lugares. Esto representa una zona de visibilidad.

3. Los recuadros específicos: por ejemplo, en Búsqueda de Google tenemos la casilla Top Productos o Noticias principales. Tenemos, además, los cuadros de contenido de servicios de terceros, como Twitter.

Ahora imaginemos una ficha de producto de comercio electrónico creada por un equipo digital al máximo de sus capacidades: puede terminar en cualquier lugar.

En propiedades, como Búsqueda de Google, YouTube, Maps, Google Discover, Google Lens.

En subpropiedades, como Google Shopping, Google Podcasts, Noticias, Imágenes y Vídeos.

En recuadros específicos, como Top Productos y similares.

No hay control alguno. Como una gota de agua que parte de la montaña, desciende por varios arroyos, confluye en el río y llega al mar. Luego se evapora y el ciclo empieza de nuevo. Se trata de la mayor revolución de Google en los últimos años: es el Google líquido.

No ha sido así siempre. En otros tiempos solíamos tener una ficha de producto (una página de ventas) y esta solo terminaba en los resultados de búsqueda. Tal vez podíamos esperar alguna aparición en Google Imágenes y, creando un buen vídeo, también en YouTube. Hoy eso ya no es así. Y lo más asombroso es que todo está en constante movimiento. Hoy tenemos una serie de posibilidades, dentro de un año podrían ser el triple.

El mismo concepto válido para la ficha de producto puede aplicarse a una noticia, a un artículo o a cualquier otro tipo de contenido.

Un nuevo SEO

El SEO por fin ha crecido. Incluso Google ha reconocido ya esta profesión y ha silenciado a todas las personas que, en los últimos años, cada año, repetían: «el SEO está muerto».

En el Centro de Búsqueda de Google, el punto más importante que se utiliza para dialogar con todas las figuras digitales que tratan con ellos, estas personas encuentran distintas guías SEO. Lo más interesante es ver que estos guías abordan tres perfiles diferentes: empresa o profesional de marketing, desarrollador, especialista en SEO[14].

Y si de verdad se desea la prueba de fuego, solo hay que ir al portal que utiliza Google para contratar a gente y buscar la palabra SEO: encontraremos varias vacantes en https://careers.google.com/.

Sin embargo, he de decir que hoy le damos un significado diferente al acrónimo SEO: ya no es *Search Engine Optimization* (Optimización de Motores de Búsqueda) sino *Search Ecosystem Optimization* (Optimización de Ecosistemas de Búsqueda).

Tal vez haya escépticos ante lo que digo, así que trataré de convencerlos con las ganancias. Estamos optimizando la web de un cliente y hemos conseguido un buen contrato por el que recibimos dinero como porcentaje de las ventas del motor de búsqueda. Son los clásicos contratos a comisión, que en ningún caso recomiendo . Hemos hecho un gran trabajo: nuestro proyecto está muy bien hecho. Increíblemente, el tráfico, gracias a nuestra labor, proviene no solo de la Búsqueda sino también de Google Imágenes (De acuerdo, eso estaba en el contrato) y de Google Discover (vaya, caramba, ese proyecto de estrategia de contenidos que aconsejamos realizar no registra una sola visita desde la búsqueda, pero sí miles de visitantes desde Google Discover). Y cientos de ventas.

Nadie se atreverá a decirme que todavía se siente como un optimizador de motores de búsqueda. Sí, seguro. Y yo soy el Hada Madrina. Y por suerte solo he mencionado Google Discover: ¡pensemos en todo lo demás!

El nuevo SEO no es solo un concepto nuevo y poco práctico. Es muy, muy práctico. Porque hay una diferencia enorme, incluso en

14. La página oficial: https://bit.ly/giorgio14.

cuestión de competencia, entre optimizar un artículo para la Búsqueda de Google, u optimizarlo para Google Discover y para todo de forma nativa, es decir, desde el principio. Por no hablar de la competencia que se necesita para comprender todo el ecosistema de Google y decidir implementar una estrategia compleja en lugar de otra.

Dejémonos de palabras clave.

Todo ha cambiado de verdad.

También abordaremos el tema de la optimización nativa para todo el ecosistema, pero, a estas alturas ya se habrá entendido, ahora no. De acuerdo, puede ser agotador leer un par de veces «eso ya lo veremos más tarde». Pero estamos ante un tema verdaderamente complejo, que requiere una lógica de desarrollo.

Los tres medios sociales de Google

Para tratar de comprender cuán vasto es efectivamente el ecosistema de Google, es fundamental señalar que es propietario de tres medios sociales:

1. YouTube.
2. Google Discover.
3. Google Maps.

Dedicaremos una parte de este libro a cada uno de ellos, porque los medios sociales de Google están muy relacionados con el tema de Google líquido y, obviamente, también con el SEO. Si para muchos es obvio incluir YouTube en la categoría de medios sociales, para los otros dos no lo es.

Google Discover, representado en la figura 1.5, es una fuente de noticias que se desplaza como cualquier medio social.

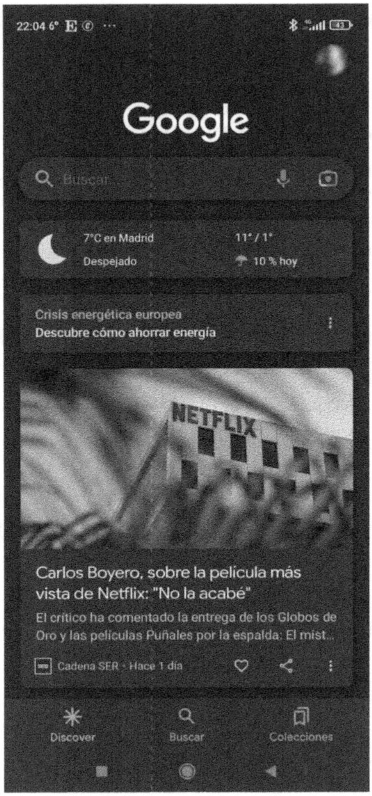

Figura 1.5 – Google Discover.

Para algunas personas, una red social sin amigos es un sueño. En la práctica, se basa en nuestros intereses: Google los identifica tanto por la forma con la que buscamos como cuando activamos la campana en los resultados de búsqueda, como se muestra en la figura 1.6, el resultado de búsqueda en el móvil de Rafael Nadal [rafa nadal].

La campana está dentro de los resultados de búsqueda, vinculada a Rafa Nadal, que es una entidad. Quizás es uno de los ejemplos más importantes de lo que significa ecosistema. Un vínculo entre la investigación y los medios sociales.

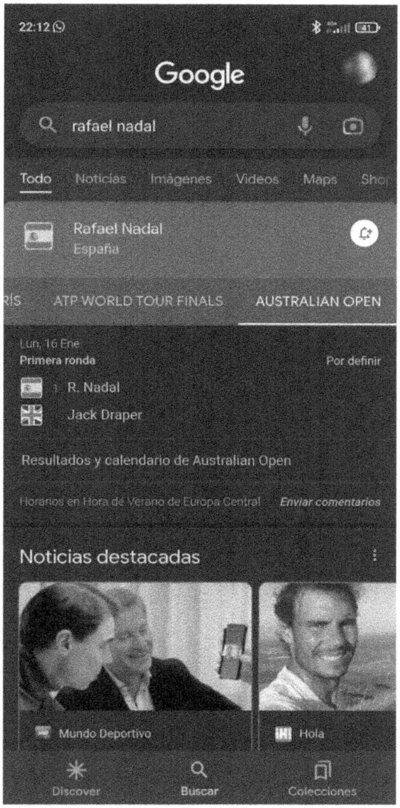

Figura 1.6 – Resultado de búsqueda móvil.

Por último, Google Maps, el medio social geolocalizado en función de dónde estamos y a quiénes seguimos. ¿No? ¿No nos cuadra? Abramos la aplicación Google Maps e inmediatamente nos encontraremos en la parte «Explora», abierta en «Esta zona». Desplacémonos hacia abajo y encontraremos información sobre nuestro entorno y, aún más abajo, reseñas de personas sobre lugares cercanos a nosotros, publicaciones oficiales de negocios locales cerca de nosotros, artículos de sitios de internet sobre actividades cerca de nosotros.

Reseñas, publicaciones oficiales, artículos. Veamos la figura 1.7.

Figura 1.7 – Google Maps: el medio social geolocalizado.

Podemos comprobar que aparece una publicación que recomienda un restaurante. Aparece aquí porque el restaurante está sitiado en la zona. Se trata, pues, de una historia que implica un lugar, que es una entidad. Y luego notamos un Seguir cerca de la cuenta de Andrés García Martín, que es un Local Guide (es un perfil reconocido por Google y que aporta mucho a Google Maps). Podemos seguir sus publicaciones, sus reseñas y sus actividades.

Encargarse de la visibilidad de un vídeo de YouTube en los resultados de búsqueda tanto de YouTube como de Google, aumentar las visitas de Google Discover, conseguir que los artículos aparezcan en

Google Maps, ¿forma parte de las actividades del SEO? Sí, si lo llamamos optimización del ecosistema de búsqueda.

Y os diré algo más: no hay que cambiarle el nombre solo porque el trabajo tenga un impacto en distintas zonas del ecosistema, sino porque el SEO atañe a aspectos cada vez más amplios. Notaremos en varias páginas de este libro aspectos que abarcan desde la comunicación hasta la experiencia del usuario, desde el rendimiento del servidor hasta las emociones de las personas.

Un nuevo marketing digital

Este nuevo Google, o este nuevo SEO, es posible porque —como veremos en las Conclusiones— estamos ante un cambio que concierne a todo el mundo de Internet y, por lo tanto, al marketing digital: la *liquidez* está eliminando las barreras porque en un sistema que ha dejado de ser sólido, no podemos permitirnos el lujo de elegir si trabajar las redes o la optimización web, si hacer publicidad o ganar visibilidad de forma natural. Todo está interconectado.

Recuerdo, ya en 2008, varias conversaciones privadas y muchas intervenciones de Cesarino Morellato en nuestros eventos, en las que promovía las siglas DAO o Digital Asset Optimization. Cesarino decía que el SEO es esencialmente *pull*: es decir, responde a una búsqueda. Pero lo digital es también *push*, al igual que la publicidad. Y quienes se dedican al SEO tenían que abrazar la optimización de todos los activos digitales, yendo aún más allá. Estoy seguro de que Cesarino estaría muy orgulloso de saber que nos ha dado una visión que nos ha permitido ver mejor lo que tenemos delante.

Porque lo que hoy tenemos delante es la fusión de estas actividades, las de *push* y las de *pull*, que ya no son distinguibles, separables.

Si hago una búsqueda en Google, puedo decir que es una actividad *pull*, pero si esa acción mía hace llegar una notificación *push* a mi teléfono por parte de Google Discover, no puedo afirmar que sea una actividad 100% *push*, porque está influenciada por lo que he hecho antes.

Cuando hemos visto que al buscar [Rafa Nadal] (*pull*) Google nos muestra una campana para recibir notificaciones (*push*), ¿cómo podemos afirmar que se está produciendo exactamente una de las dos experiencias? ¿Y en qué consiste? ¿Qué figura profesional debería de ser competente en esta actividad?

Cuando, en los resultados de búsqueda, Google nos ofrece recuadros, algunos de estos pueden estar más cerca de la actividad *push* que de la actividad *pull*.

En el SEO cada vez hay menos certezas porque con Google líquido tenemos menos control y sabemos cada vez menos, en la medida en la que algo podrá funcionar o no, pero ya no está bajo nuestro control. Y las actividades involucran cosas cada vez más diferentes entre sí para que sea posible entender con claridad qué figura profesional debe estar a cargo de una tarea específica.

Pues bien, la razón por la que he dicho que entiendo el SEO como optimización del ecosistema de búsqueda es porque todo ha cambiado de verdad. Y la vieja frase que he usado para definir el SEO, es decir, «El SEO es una práctica de investigación que nos lleva a entender cómo satisfacer las necesidades expresadas por las personas a través de una búsqueda» prefiero cambiarla hoy, para este libro:

"El SEO es una práctica de investigación que nos lleva
a comprender cómo satisfacer las necesidades expresadas
por las personas en los ecosistemas que utilizan".

Ecosistemas que son a la vez *pull* y *push*. Ecosistemas que son líquidos. Por este motivo, nacerán figuras profesionales que ya no son expertas en materias únicas, sino en ecosistemas.

De ahí surge una nueva forma de concebir el marketing digital, en la que la figura experta en un determinado ecosistema es una figura central. No sé si la llamaremos figura SEO o si abandonaremos este acrónimo y optaremos por «Experto de Google», pero de una cosa sí que estoy seguro: no hay libros que puedan enseñarnos a hacerlo, hay libros que explican los cambios que se están produciendo, que generan conciencia y promueven la difusión de la información y las habilidades adecuadas.

Hagamos la prueba de leer el mejor libro del mundo sobre cómo tocar la guitarra, luego cojamos una e intentemos tocar *Mediterráneo* de Joan Manuel Serrat: es probable que el libro no nos convierta en grandes guitarristas, ni aumente siquiera nuestra habilidad con las cuerdas de la guitarra, pero seguro que nos ayuda a conocer el instrumento, los acordes o la postura.

Por eso, aún hoy, lo llamo Práctica. Y por ello nos llevará años aprender a entender bien la dinámica de un ecosistema complejo como el de Google.

Y el mercado tardará años en comprender este cambio.

Pero ahora ha llegado el momento de sentar las bases de cómo funciona la búsqueda, ya que estas bases nos permitirán comprender mejor una serie de informaciones claves para el Google de hoy.

2 La búsqueda: cómo funciona Google Search

Cómo funciona la búsqueda de Google

Tal como ocurre con las antologías literarias, cada capítulo de este libro puede leerse de forma independiente. En conjunto, sin embargo, los capítulos forman un auténtico puzle de tres piezas que tiene a Google como tema principal: de hecho, como ya he dicho en la introducción, es necesario tener una visión general de estas piezas para comprender cómo aborda Google hoy Internet, y también lo que se explica en cada capítulo.

He esperado a llegar a este punto, sin embargo, para explicar por qué las piezas están tan estrechamente ligadas y por qué contienen conceptos que aparentemente parecen repetirse (en realidad, se consideran desde otro punto de vista y nos proporcionan una visión de conjunto). La razón es la siguiente: todo esto es la respuesta a un comportamiento humano, el de buscar.

Por lo tanto, en este capítulo se explora cómo se creó la Búsqueda de Google para responder a la búsqueda de una persona.

En el siguiente capítulo, «Detrás de una búsqueda», se analizarán los detalles de los comportamientos humanos cuando una persona está en fase de búsqueda y cómo estos se tienen en gran consideración en la Búsqueda de Google.

La tercera pieza del puzle, «Los frutos de la búsqueda: adiós contenidos, bienvenidos recursos», indagará en la respuesta que quienes crean recursos en Internet deberían aspirar a estudiar y ofrecer para satisfacer las necesidades de las personas.

Un funcionamiento cada vez más desconocido

¡Ni siquiera los ingenieros de Google saben cómo funciona la Búsqueda de Google! Esto sucede por dos razones. La primera es porque hay tantos departamentos en Google que es común hacerle una pregunta a una persona y obtener como respuesta: «No sé cómo funciona eso, trabajo en otro departamento». La segunda es porque muchos algoritmos están haciendo uso de inteligencia artificial y Aprendizaje Automático, que hacen que algunas operaciones sean complejas de entender.

Y es bueno recordar una cosa: Búsqueda de Google es un servicio, que en inglés se llama Google Search, así como lo es Google Maps. Es importante tener claro que nos disponemos a entrar en el funcionamiento de un único servicio de Google que, por mucho que sea el más conocido y utilizado, no deja de ser un único servicio.

Para realizar este viaje nos apoyaremos más que nada en la guía oficial[1].

Esta guía está traducida a muchos idiomas, pero es importante leer la versión en inglés norteamericano. De hecho, en la dirección anterior, aparece un «en_us». Por desgracia, desde un punto de vista técnico y de optimización, hay un funcionamiento incorrecto: sí, la página no está bien optimizada. De hecho, cuando se entra en ella por primera vez, podremos notar que, en el primer clic para ir a otra página, el idioma cambiará al de nuestro país. Tendremos que cambiar siempre la dirección de la página en la que nos hallamos, introduciendo manualmente «en_us», a menos que estemos leyendo desde Estados Unidos. Ello supone un problema porque la traducción a otros idiomas (incluso al inglés británico) está llena de errores conceptuales importantes. En español e italiano suele ser un desastre.

Ha de tenerse siempre en cuenta que las guías de este tipo no son escritas ni traducidas por personas expertas: es frecuente que se soliciten correcciones importantes y que puedan leerse intercambios en Twitter en los que alguien de Google dice que una parte está mal.

He dicho «nos apoyaremos más que nada en la guía oficial», porque obviamente en este recorrido se incluyen también mi punto de vista, los resultados de mis estudios, mis consideraciones, así como referencias a investigaciones y estudios de otras personas.

1. Véase la página web: https://bit.ly/giorgio15.

En la guía hay algunas partes que no nos interesan y otras que, en cambio, faltan por completo porque con el tiempo Google ha preferido no incluir cierta información. Pero, lo que es más importante, en la guía faltan pistas prácticas: indicaciones sobre cómo se usa Internet en la práctica hoy en día.

Organizar la información del Mundo

A pesar de que este libro no sea un manual técnico, es importante construir una base sólida de conocimiento y cultura de la búsqueda para comprender a fondo las razones que llevan a hablar del Google líquido y de toda una serie de consejos prácticos que cualquiera puede aplicar a sus proyectos.

Hoy en día estamos acostumbrados a darle mucha importancia a cómo la Búsqueda de Google decide qué páginas poner en las primeras posiciones. Por desgracia, muchos de los malentendidos sobre lo que es importante para la búsqueda surgen precisamente de aquí: la falta de cultura sobre las fases anteriores.

Trataré pues de poner orden y construir un proceso lógico de funcionamiento general que arroje luz. Habrá algunas palabras en inglés y me esforzaré de inmediato en apaciguar la controversia buscando la traducción más adecuada; puede suceder, sin embargo, que la versión en otro idioma altere el significado de manera importante y se prefiera por lo tanto el uso del original.

Hay dos fases que debemos considerar: **crawling** (rastreo) e **indexing** (indexación).

En la fase de rastreo (*crawling*), el motor de búsqueda recurre a unos programas que identifican las páginas publicadas en Internet, tratando de entender si ya están presentes en su índice, si dentro de la página hay enlaces a otras páginas que puedan rastrearse y si los contenidos han sido actualizados.

Google intenta rastrear continuamente lo que encuentra para asegurarse de que la información esté actualizada. Quienes realizan trabajos de SEO, se ocupan de servicios relacionados o crean o administran páginas web pueden facilitar, acelerar y controlar este proceso de rastreo a través de una serie de herramientas que se encuentran en la consola de búsqueda. Por ejemplo, es posible enviar y consultar el *Sitemap* o mapa web, una lista de todas nuestras páginas que proporcionamos a los motores de búsqueda para que sean más fáciles de encontrar.

En la fase de indexación (*indexing*), el motor de búsqueda «ve» el contenido tal como lo vemos nosotros a través de un navegador (Chrome, Firefox, etc.) y en ese momento implementa el proceso de indexación, el más subestimado incluso por quienes se dedican al SEO. De hecho, muchos piensan que el proceso de indexación radica simplemente en el hecho de que Google conoce la página, pero, como veremos, no es así.

Hemos de imaginarnos el índice de Google como una gran biblioteca, llena de estantes. Cada estante representa una palabra que Google conoce. El proceso de indexación consiste en insertar la página en todos los estantes que corresponden a las palabras presentes. Si la página que hemos creado contiene 1000 palabras diferentes, Google abre sus 1000 estantes y la coloca en cada uno de ellos.

Pero hay otro dato sorprendente: Google tiene más de un índice. Podríamos decir que, como una biblioteca, tiene más de una sala en la que se hallan sus estanterías, porque el mundo está formado por más información, aparte de las páginas: Google tiene diferentes índices —para las distintas clases de información que recopila a través de su software—, acuerdos específicos, sugerencias y entrada de datos, como ocurre en Google Maps y otros sistemas.

De esta manera, Google ha construido su propia sala especial que, en la sección «Más allá de las palabras», descubrimos que se llamaba Knowledge Graph. Así nos enteramos de que existen las entidades, que hemos de añadir al concepto de palabras clave.

Y, además de estos dos grandes índices, uno formado por palabras y otro por entidades, tenemos otros específicos para libros, resultados deportivos, previsiones meteorológicas, horarios de transporte público y cientos de tipos de información más.

Ya en este nivel se impone la urgencia de redefinir el proceso de indexación tal y como lo hemos concebido hasta ahora. Hoy no indexamos simples páginas, sino información.

Incluso dentro de una página, lo que indexamos es el contenido. Mentalmente, hay que pasar de «tengo que verificar si mi página está indexada» a «tengo que verificar si la información contenida en la página está indexada». Y sin olvidar además el paso más importante que se ha de tener en cuenta: ¿en qué índices de Google debería terminar? Claro que sí: nuestro proyecto podría acabar en varios índices, porque si es evidente que acabamos en el índice clásico citando una palabra, no lo es tanto cómo podemos acabar en el Knowledge Graph y en los índices específicos.

En cada uno de estos, por ejemplo, Google conoce las fuentes de la información. Y sabemos realmente poco acerca de cómo la presencia en esos índices influye luego en la visibilidad de nuestra página. Cada vez es más importante entender que para el Google líquido damos información al buscador, perdiendo el control de ello. El futuro será cada vez más así: hecho de cosas que no conocemos.

Lo que sí sabemos en cambio —algo que resulta evidente y que siempre he tratado de divulgar— es que uno de los principales objetivos de quienes realizan este trabajo debe ser aspirar a que su proyecto sea la principal fuente de información del sector en el que opera. Convertirnos en la fuente de nuestro sector ha de ser un mantra importante.

Mediante un enfoque como este, nuestro proyecto aprovechará al máximo el Google líquido y lo hará durante años.

Las fases del *ranking*

Una vez que Google ha organizado la información en sus índices, ¿cómo decide qué información mostrar primero? Su objetivo es asegurarse de que se muestren las más relevantes y útiles, con la mayor rapidez posible.

La fase en la que se toma esta decisión se llama *ranking*, aunque también se usa a menudo la palabra posicionamiento: sin embargo, no es muy precisa porque tendemos a darle un significado más amplio.

El *ranking* se desarrolla en cinco momentos importantes:

1. Significado.
2. Relevancia.
3. Calidad.
4. Usabilidad.
5. Contexto.

El significado: la primera fase del *ranking*

La primera preocupación de Google es entender qué está buscando una persona. Hay una serie de algoritmos que utiliza Google para tratar de acercarse lo más posible al significado. Estos algoritmos permiten que sea muy preciso, por un lado, y rápido, por otro: en definitiva, si se sabe exactamente lo que quiere una persona, entonces no ha de buscarse en todo el índice, sino solo en algunas partes.

De hecho, una vez que Google entiende lo que queremos, no abre todos los estantes de su biblioteca, porque eso le llevaría demasiado tiempo, sino que solo abre los estantes apropiados. Hoy en día, en efecto, el sentido de una búsqueda no se detiene solo en comprender la frase, sino también en estudiar sus necesidades. No existe un término técnico específico que pueda ayudarnos a ponernos de acuerdo y hablar el mismo idioma. Por lo tanto, tengo una propuesta para todo el mundo: cuando hablamos del estudio de una búsqueda (*query*), debemos diferenciar entre **comprensión de una frase** y **estudio de las necesidades**.

Para la comprensión de una frase, tenemos:

- Errores de ortografía.
- Sinónimos.
- Temas.
- Sesión de búsqueda.
- Inteligencia artificial.

Para el estudio de las necesidades, disponemos de los siguientes tipos:

- Lingüístico.
- Contenido.
- Intención.
- Frescura.

Abordemos primero la comprensión de una frase: ¿cuáles son las comprobaciones que realiza la Búsqueda de Google?

Errores de ortografía

Una primera evaluación la realiza Google sobre los errores ortográficos. Si usamos una palabra incorrecta, se reemplaza inmediatamente por la correcta. Además, si buscamos [significdo] olvidando la letra «a» de la palabra [significado], Google recoge los resultados como si hubiéramos buscado correctamente, sin atender al error. De modo que, en efecto, aunque hayamos insertado de manera deliberada todas las posibles versiones incorrectas de una palabra en nuestras páginas, porque alguien nos ha sugerido que es importante hacerlo, lamentablemente hemos perdido el tiempo. Y debido a esto, Google no mostrará nuestra página.

Sinónimos

Hay muchos pasos que efectúa Google. Uno de los más fascinantes es el dedicado a los sinónimos. ¿Hemos leído alguna vez en Internet que es importante usar sinónimos al escribir un artículo para aumentar la visibilidad en Google? Bueno, pues eso tampoco es verdad. Google tardó cinco años en desarrollar un sistema de reconocimiento de sinónimos y aplicaciones similares. Básicamente, si buscamos [cómo cambiar una bombilla] o [cómo cambiar el brillo del ordenador] Google ha desarrollado un sistema para entender que el verbo cambiar cerca de la bombilla puede significar «reemplazar» mientras que cerca del brillo del ordenador puede significar «regular». Si escribimos un artículo y, como título, estamos usando «cómo cambiar una bombilla» no debemos volvernos locos para agregar la palabra reemplazar en el texto o, peor aún, crear un título del tipo «cómo cambiar o reemplazar una bombilla». Para Google resulta indiferente, porque cuando busco [cómo reemplazar una bombilla] el sistema también abrirá el estante para la palabra «cambiar» y, por lo tanto, encontrará nuestra página, aunque no mencione nunca la palabra «reemplazar». No es necesario incluir la palabra en el texto si se trata de un sinónimo o de un verbo del mismo significado que se usa en lugar de otro. Hay que pensar en las personas, no en los motores de búsqueda cuando decidamos, seleccionemos, elijamos las palabras adecuadas.

Confío en que este último importante concepto suponga un soplo de aire fresco para los profesionales que escriben para la web: la desinformación sobre el SEO les ha hecho daño especialmente a ellos.

Temas

Buscando [cola] tanto desde el escritorio como en el móvil, en determinado momento nos topamos con el recuadro que puede verse en la figura 2.1, que da fe de cómo la Búsqueda de Google ha identificado dos temas principales para la palabra «cola»: el primero con referencia a la parte de la anatomía animal, el segundo con referencia a la bebida refrescante.

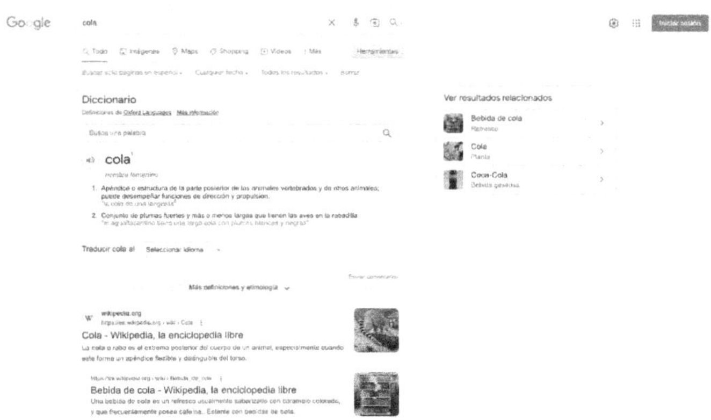

Figura 2.1 – Resultado de la búsqueda de «cola».

A veces esto resulta inmediatamente visible a través de estos recuadros, otras veces es necesario aplicar una mirada más cuidadosa. Buscando por ejemplo [panda], no vemos ningún recuadro, pero los resultados de la búsqueda claramente contienen páginas tanto para el automóvil Fiat como para el simpático osito. Google trata de entender todas las interpretaciones que existen sobre el tema y destaca aquellas que considera importantes para la persona que busca la información.

El estudio de los temas ha sido posible gracias a la evolución histórica de la Búsqueda, de palabras a entidades y al Knowledge Graph[2], y está influenciado tanto por el idioma como por la ubicación geográfica.

En España, por ejemplo, la búsqueda [apple] tiene una sola interpretación del tema, a saber, la empresa fundada por Steve Jobs, Steve Wozniak y Ronald Wayne. En otros lugares donde el idioma principal es el inglés, también tiene la interpretación de la manzana, es decir, el falso fruto del manzano (el fruto del manzano es el corazón).

Pero ¿por qué la posición geográfica también? Este comportamiento se produce porque los idiomas se hablan en distintas partes del mundo. Por ejemplo, el inglés es el idioma oficial en unos setenta países repartidos por los cinco continentes del mundo: en todos ellos, la sigla NA puede representar el elemento químico sodio, pero solo para quienes viven en América NA es América del Norte.

Ya a estas alturas podemos afirmar que nuestro proyecto, si lo tenemos, no entra en competencia con todos los resultados de la búsqueda, sino solo con los de nuestro propio tema. Pronto veremos como el concepto de competencia se definirá cada vez más y no entraremos en competencia ni siquiera con quienes tratan el mismo tema que nosotros.

2. Es una cuestión de rapidez y seguridad de la información: es mucho más rápido buscar información dentro del Knowledge Graph porque esta ya está presente en forma de respuesta. De lo contrario, Google tendría que reprocesar en cada ocasión todas las páginas de Internet sobre el tema para encontrar la respuesta. Además, es más seguro: la información contenida en Knowledge Graph se crea estudiando las fuentes más fiables de Internet.

Sesión de búsqueda

Un concepto muy importante es que, en realidad, no existe la búsqueda única, sino que lo que debe tenerse en cuenta es la sesión de búsqueda, que puede consistir también en una única búsqueda. Es decir, en el momento en que empezamos a buscar, abrimos una sesión, y una sesión de búsqueda puede durar unos minutos o unos meses.

¿Para qué necesita Google esta información en la fase de comprensión de una frase? A principios de este siglo, una sesión típica en Google podría ser la siguiente:

- Día 1: Busco un restaurante para ir a comer el fin de semana.
- Día 2: Busco el menú, los precios, los horarios.
- Día 3: Busco el número de teléfono y reservo.

En esta sesión de búsqueda me llevó tres días completar mi búsqueda, en otras podría tardar segundos o meses.

También a principios de este siglo, cuando buscaba un restaurante, solo encontraba sitios de restaurantes o sitios que hacían reseñas. Hoy, en cambio, encuentro instantáneamente toda la información que habría buscado en el segundo y tercer días en 2000. Hoy en día, Google trata de acortar las sesiones de búsqueda para acelerar las decisiones.

Buscando hoy [vacaciones en Roma], podemos ver que Google también muestra lugares que visitar. Google es supersónico.

Exploraremos el tema de la sesión de búsqueda más adelante, porque es demasiado relevante para quienes se ocupan del contenido: estar presentes con información que concierne a toda la sesión de búsqueda es fundamental para el Google líquido.

Inteligencia artificial

Los temas, las sesiones de búsqueda, la inteligencia artificial no están en la guía que mencioné al principio y que usamos como mapa. Es importante recordar que esa guía no puede contener todo para el público al que va dirigida.

El 4 de octubre de 2016, firmado por el director ejecutivo Sundar Pichai, apareció en el blog de Google un artículo titulado «A personal Google, just for you»[3]. En esta ocasión, Pichai y Google lanzaron una nueva misión: «*The last 10 years have been about building a world that is mobile-first, turning our phones into remote controls for our lives. But in the next 10 years, we will shift to a world that is AI-first*»[4].

Del móvil ante todo a la inteligencia artificial ante todo.

El 28 de enero de 2021, sin embargo, durante el Foro Económico Mundial, interviene nuevamente Sundar Pichai (como director ejecutivo tanto de Google como de Alphabet), para aclarar que aún es pronto para la inteligencia artificial y que su aplicación real la iremos viendo en los próximos 10 o 20 años[5].

Hoy Google usa la inteligencia artificial en la fase del Significado, para tratar de entender cada vez con más precisión qué es lo que quiere el usuario al realizar una consulta. En efecto, hemos experimentado distintas mejoras en este sentido desde 2016, y las exploraremos en el próximo capítulo.

Por ahora es preferible pasar al estudio de las necesidades, las que Google reconoce como tales y que tiene por lo tanto en cuenta a la hora de recoger los contenidos. Resumo los distintos tipos:

- Lingüístico.
- Contenido.
- Intención.
- Frescura.

3. https://bit.ly/giorgio16.
4. «Los últimos 10 años se han dedicado a construir un mundo donde los dispositivos móviles eran lo primero, convirtiendo nuestros teléfonos en controles remotos para nuestras vidas. Pero en los próximos 10 años, cambiaremos a un mundo en el que la IA será lo primero». *(N. del T.)*
5. https://bit.ly/giorgio17.

Necesidades relacionadas con cuestiones lingüísticas

Resulta fácil de entender: si busco un término en alemán, el motor de búsqueda me devolverá principalmente páginas en alemán. La única consideración adicional que quiero hacer es que siempre hay un número creciente de personas que leen en dos idiomas. Por ejemplo, en Google Discover es común ver artículos en mi idioma nativo y, además, artículos escritos en el otro idioma más frecuente. Y Discover me ofrece la oportunidad de proporcionar comentarios al respecto. No es demasiado futurista pensar que un día también la Búsqueda de Google podría sugerir artículos que no estén en el idioma nativo.

Necesidades relacionadas con el contenido

Si existen palabras específicas en la clave, como por ejemplo [cocinar] o [fotografías], es muy probable que obtengamos recetas para las primeras e imágenes para las segundas. De este modo, está claro que Google intenta entender para cada búsqueda qué tipos de contenido debe ofrecer y que una búsqueda puede requerir también más de un tipo de contenido.

Necesidades relacionadas con la intención

Hay algunas intenciones que se conocen en el mundo de Google porque nos llegan a través de las pautas de Quality Rater, que son las personas que brindan comentarios a Google sobre los resultados de búsqueda. Las pautas de Quality Rater son públicas y siempre están actualizadas[6].

En estas pautas, hay cuatro macrocategorías de intenciones:

- *Know query*, búsquedas informativas como [roma] o [benidorm]. Una subcategoría son los *Know simple*, es decir, cuando la búsqueda puede agotarse con una respuesta [población de Roma en 2022].

6. Esta es la URL: https://bit.ly/giorgio19 y normalmente no cambia. Si es así, búsquese simplemente [search quality evaluator guidelines pdf].

- *Do query*, búsquedas transaccionales donde la persona quiera realizar una acción como descargar, comprar, interactuar: [comprar micrófono Shure] o [test de personalidad en línea]. Cuando algunas de estas consultas solicitan una interacción en el teléfono, se denominan *Device action query* (también las de tipo vocal): [llama a mamá] o [programa una reunión]. Esto también queda claro gracias al uso de los verbos.
- *Website query* o búsqueda navegacional, es decir, búsquedas de sitios específicos: [canal de YouTube de PewDiePie] o [sección de economía de *El País*].
- *Visit-in-person query*, búsquedas para llegar a un lugar. La ubicación, la posición de la persona en el momento en que busca, puede influir en la interpretación. Imaginemos que cerca de nosotros hay un restaurante llamado albahaca: al buscar [albahaca], se nos aplica la doble intención, a saber, la local y la informativa.

Efectivamente: una búsqueda puede tener más de una intención. En algunas búsquedas hay intenciones tanto de Do query como de Know query, concretamente en todas aquellas que atañen a los servicios. Al buscar [control de plagas de cucarachas], los resultados de la búsqueda han cambiado completamente a lo largo de los años. Antes solo se encontraban páginas informativas, ahora solo se encuentran páginas que ofrecen tanto la parte de información como la de servicio.

La clave [Alma Mater Studiorum] (Universidad de Bolonia) tiene tres intenciones: puede ser una clave de Visit-in-person, porque quieres ir allí, de *website*, porque quieres terminar en el sitio oficial, o una *know* de información, porque quieres saber más sobre esta realidad.

Necesidades relacionadas con la frescura

Y, por último, Google intenta entender el grado de frescura se necesita. Y hay diferentes tipos: porque una cosa son las noticias de última hora, otra la búsqueda [población de Roma hoy] y otra más [iphone]. Para las noticias de última hora nos ceñimos a los minutos; para la población de

Roma, al año; mientras que para la búsqueda [iphone] dependerá de cuándo salió el último modelo.

Además, cuando haya noticias de última hora y el tema sea muy sensible, no solo tendremos resultados muy actualizados, sino que se preferirán fuentes fiables, lo que aprenderemos a reconocer en la parte dedicada a la calidad, en el capítulo 4.

La Frescura (Freshness para Google) no debe confundirse con un contenido actualizado, sino que se acerca más a una especie de fecha de caducidad. El contenido que hemos creado ha caducado. ¿Y quién lo decide? No, no es simplemente la fecha la que lo decide, sino las personas que lo buscan. Hay páginas creadas a principios de los 2000 que todavía hoy conservan toda su frescura. Intentemos buscar [eclipse] una semana antes de que ocurra el hecho, en el mismo día, y luego en los días posteriores: es una buena práctica observar cómo Google construye los resultados de búsqueda para acontecimientos como esos.

Un consejo importante: observar los resultados de la búsqueda con ojo crítico podría hacernos comprender cuál de las necesidades de las estudiadas hasta ahora (Lingüística, de Contenido, de Intención, de Frescura) está tratando de satisfacer Google. En consecuencia, debería ser fácil pensar acerca de este tema en estos términos: nuestra página no puede ser evaluada más que en términos de búsqueda. No sé si he hecho un buen trabajo a pesar de todo: podría haber hecho un buen trabajo para determinada búsqueda y no para otra.

Mirémoslo de esta manera: cada búsqueda asigna una puntuación a cada una de estas necesidades. La búsqueda «x» tiene una puntuación diferente a la búsqueda «y».

Si tenemos la intención de posicionarnos para una palabra clave, no perdamos demasiado tiempo pensando dónde colocarla en nuestra página. Busquémosla en Google y empecemos a pensar: ¿qué es lo que realmente quiere una persona? ¿Qué clase de intención le anima? ¿Qué tipo de contenido hay? ¿Qué hechos han ocurrido que hacen que la información haya caducado?

En este punto podríamos molestar a Nietzsche para decir que «hay más razón en los resultados de la búsqueda que en tu mejor sabiduría»[7].

La pertinencia: segunda fase del *ranking*

La segunda fase del *ranking* se denomina *Relevance*, que traducimos como Pertinencia y, dado que se refiere al contenido, utilizaremos el término «pertinencia del contenido» (*Relevance of Content*).

Es importante entender completamente el significado de las palabras. Inicialmente, nos asalta la tentación de traducir *Relevance* por relevancia que, como término, tiene un significado de considerable importancia, de gran relieve: proviene, en efecto, del latín *relevare*, derivación de *levare*, subir. En el SEO, la palabra relevancia se usa para identificar una página popular y es un concepto que trataremos precisamente en la siguiente fase del *ranking*.

El término pertinencia, en cambio, es el correcto: del latín *pertĭnens*, participio presente de *pertinēre*, pertenecer, atañer, concernir[8].

Hasta ahora nos hemos ocupado únicamente del significado de la búsqueda y, por lo tanto, de la comprensión de una frase y del estudio de las necesidades. Pero una vez que Google tiene toda esta información, debe realizar uno de los procesos más fascinantes del SEO: extraer de sus índices toda la información que resulte más pertinente.

Así que imaginémonos que entramos en Google y buscamos [perros]. Google aplica todos sus algoritmos sobre el significado de la búsqueda y luego va a su biblioteca para abrir solo los estantes necesarios de sus índices. De esta manera, no teniendo que buscar en todas partes, ahorra tiempo. El estante que se abrirá con seguridad será el que tenga la palabra «perros». Abrirá otros, en función de sus análisis, pero no te-

7. La frase original de Nietzsche era: «Hay más razón en tu cuerpo que en tu mejor sabiduría».
8. Ambas definiciones están tomadas de Oxford Languages: https://bit.ly/giorgio20.

nemos información cierta sobre este hecho. Así pues, empecemos por este concepto.

En el estante de la palabra «perro» del índice de Búsqueda hay decenas de miles de documentos. Y aquí se aplica un concepto que podemos encontrar en cada algoritmo. Por ejemplo, lo usan también en Meta para alimentar Facebook: con el fin de no hacer cálculos muy onerosos en toda la estantería, primero seleccionan solo las páginas muy pertinentes, descartando las que ciertamente no lo son, luego aplican algoritmos más precisos a las primeras y solo posteriormente pasan los resultados a la tercera fase del *ranking*.

Por tanto, podríamos decir que la fase de pertenencia tiene dos puntos de inflexión:

1. encontrar las páginas claramente pertinentes;
2. encontrar las páginas más pertinentes entre las primeras seleccionadas.

Encontrar las páginas claramente pertinentes

Es como ir a pescar con una red de malla muy grande: cuando la levantas, los peces pequeños se quedan en el mar, mientras que los grandes quedan atrapados. Para encontrar estas páginas, se verifica simplemente que el contenido contenga la misma búsqueda que ha efectuado la persona. Es decir, si la clave está presente en los encabezados o en el cuerpo del texto, es una señal que indica que formará parte de las páginas claramente pertinentes. Es la señal que dice: «Todo bien, este es un pez grande».

En mi experiencia, los lugares muy sensibles son sin duda el título de la página, que en el código corresponde a <title>mi título</title>, encabezados como <h1>, <h2>, <h3> y así sucesivamente y, por supuesto, la presencia en el texto.

Cuando la clave ha sido mencionada una vez en el <título>, pasamos la selección, pero la pasamos también si se menciona solo en el <h1> y, a veces, incluso cuando lo mencionamos una vez en el texto.

No hay necesidad de volverse loco: si escribe para la gente, es obvio que se mencionará, y eso será suficiente[9].

Matt Cutts[10] (una de las personalidades más importantes que ha tenido Google dentro del campo de la Búsqueda), en un vídeo fechado el 19 de agosto de 2011[11], afirmaba que la clave, tras ser mencionada por tercera vez, deja de ser tan interesante. Sí, la primera lo es, la segunda aún más. Pero la tercera empieza a perder importancia. Dijo esto para tratar de detener los bulos sobre la densidad de palabras clave.

Ahora sabemos que la cantidad de palabras en un texto no tienen tanta importancia. Sin embargo, sigue siendo uno de los temas más debatidos en el campo de la optimización. Es más, por lo general, quienes hablan de optimización se detienen en este concepto.

Pero es en este punto donde llega la verdadera optimización: una vez que hemos capturado los peces grandes, tenemos que ser capaces de evaluar cuáles son comestibles y cuáles son en cambio los venenosos que han de ser arrojados de nuevo al mar.

Encontrar las páginas más pertinentes

Seguro que ya lo he dicho: cuando se trata de optimización SEO, se le da demasiada importancia a la palabra clave. Lo más interesante es que en este momento de la optimización, en los mecanismos de identificación de las páginas más pertinentes entre las que han pasado la primera selección, la palabra clave ya no cuenta. Increíble ¿verdad? En la fase más importante de optimización no tenemos que preocuparnos por

9. Aprovecho para hacer una puntualización sobre las negritas, que son muy útiles en la comunicación: yo las uso para ayudar a que no se pierdan las personas que disponen de poco tiempo. Basta con leer las negritas para obtener la información que necesita. Pero no hay fórmulas a las que atenerse. Lo importante es pasar la selección, y no cuesta mucho.

10. Matt Cutts es ingeniero informático y estuvo entre los primeros cien contratados en Google. Fue uno de los jefes de desarrollo de procesos de SEO y supervisó el desarrollo del filtro Safe. Hoy ya no está en Google y se ha convertido en director de USDS, el Servicio Digital de los Estados Unidos del Gobierno de los Estados Unidos.

11. https://bit.ly/giorgio22.

todas las cosas que se nos han inculcado en años y años y años de desinformación.

Emplearé otra metáfora para explicar cómo funciona este paso adicional de optimización y, si escribimos contenidos, será aún más relevante: la metáfora que sigue es la del cuadro.

Si somos artistas y nos encargan un cuadro, de más está decir que tendremos que encargarnos del marco, que es básicamente todo lo que acabamos de ver, es decir, la presencia de la palabra clave en el título, en el texto y en los encabezados. ¿Y el cuadro? El cuadro es la parte más importante y es la que menos se valora. El cuadro representa el momento en el que los algoritmos encuentran las páginas más pertinentes.

Google dice que sus algoritmos dedicados a la pertinencia se preocupan por comprender si nuestra página tiene una respuesta a la búsqueda de la persona en lugar de presentar una repetición de la pregunta hecha por la persona. Donde, lo sabemos perfectamente, ese «en lugar de» se usa para negar la segunda oración. Antes de que nuestras neuronas se electrocuten, pondré un ejemplo: si buscamos [perros], no querremos ver una página con la palabra «perros» repetida cientos de veces. Los algoritmos intentan entender si nuestra página ofrece contenido relevante: imágenes de perros, vídeos o una lista de razas. Aquí está el cuadro: el contenido relevante. Aquí está la necesidad de tipo de Contenido.

Pues eso es, la optimización de una página se preocupa, ante todo, de entender lo que quiere la persona y trata de ofrecerle la mejor respuesta posible. Y es ahí donde se comprende uno de los grandes conceptos del presente y del futuro, un cambio de mentalidad muy significativo que diferencia la calidad de quienes hacen o harán este trabajo: dejemos de hablar de contenidos y empecemos a usar la palabra «recursos», un tema tan importante que he decidido dedicarle un capítulo entero.

Si queremos ser visibles en la biblioteca del mundo, debemos ser capaces de crear un recurso, entre otras cosas porque Google intenta ofrecer a las personas los mejores recursos sobre el tema presentes en Internet.

Un contenido es cualquier cosa.

Un artículo es un contenido.

Una imagen es un contenido.

Un recurso es algo más importante.

Como es lógico, a veces incluso una imagen puede ser un recurso. Y, cuando lo es, se nota y eso está bien. Al ir a ver quién es visible para la palabra «perros», vemos cómo todos son grandes recursos.

«Imágenes de perros, vídeos o listas de razas». No solo están presentes en las páginas posicionadas en las primeras posiciones, sino que también están presentes en los resultados de búsqueda. Google ofrece a las personas imágenes, vídeos, razas de perros. Además, ofrece otras cosas. Por ejemplo, a veces un recuadro con noticias. ¿Eso significa que está mal? No, significa que «Imágenes de perros, vídeos o listas de razas» representa simplemente un ejemplo escrito hace años y que no necesita ser actualizado. Es el concepto el que debe pasar. Nuestro recurso debe presentar contenidos pertinentes en su interior.

Y aquí hay que hacer dos consideraciones importantes. La primera es que para cada clave hay varios contenidos pertinentes: por ejemplo, para la palabra perros habrá listados de razas, pero para la palabra plantas habrá una clasificación científica. La segunda es que espero que se nos hayan venido a la cabeza las necesidades de Contenido, los Temas, las Entidades y el Knowledge Graph.

Tratemos de hablar un nuevo lenguaje: [perros] es una búsqueda. Este es un tema conocido por Google en sus índices con entidades específicas asociadas y diferentes Necesidades de Contenido. ¿Hemos leído alguna palabrota? A ver, en serio, no digo que debamos empezar a acostumbrarnos a ellas, pero sí por lo menos a reconocer estas palabras en algún rincón escondido de nuestro cerebro.

Esto se debe a que, si debemos empezar a crear nuestro propio recurso, hemos de empezar a estudiarlo todo sobre el tema, debemos comprender qué hay en el mundo, qué hay en Google —donde en realidad ya tenemos muchas respuestas (¡recordemos la cita de Nietzsche!)— y formarnos una especie de mapa mental sobre cómo desarrollar este recurso. Y habrá que responder honestamente: no, un artículo no será suficiente para esta búsqueda. O desarrollamos realmente un recurso de calidad, o es mejor cambiar nuestra búsqueda, porque no tendremos las condiciones mínimas necesarias para ser valorados por las personas y por Google. Porque la optimización SEO, aunque se siga vendiendo así, no consiste simplemente en ocuparse de dónde introducimos la clave y de cuántas veces. Tendría poco sentido. Hoy en día la optimización SEO consiste en ocuparse de la necesidad real de la persona y ofrece un recurso de calidad.

Para que quede claro: podemos hacer lo que queramos, pero si nuestro sitio web no está siendo utilizado por las personas, perderemos posicionamiento en Google. Si bien es cierto que el SEO ofrece pocas certezas, me lo apuesto todo en afirmar que esta es una de las pocas que existen.

Para mí lo es, de verdad.

Ah, nota al margen. En esta parte, Google suele señalar que el sistema utiliza datos agregados y anónimos sobre las interacciones en los resultados de búsqueda para comprender la pertinencia real de las páginas para quienes realizaron la búsqueda. Por favor, no malinterpretemos esto: Google no solo rastrea los clics, sino también una serie de parámetros, todos entrelazados entre sí y, cuando es posible, va más allá incluso de los resultados de búsqueda. Es capaz de comprobar desde el móvil, en muchos casos, si tras una búsqueda hemos llamado a una actividad, una tienda, un restaurante, o hemos ido directamente allí. Así que no nos tomemos esto a la ligera, pensando que Google usa métricas simples.

Desafortunadamente, todo el SEO es ahora así: hay un amplio público de personas que quieren recibir respuestas simples, fórmulas, truquitos. Y de esta forma nunca faltará alguien que invente una fórmula mágica, un ingrediente, algo que diga que seguro que así funciona. Luego, sin embargo, nunca es así. Google es una máquina compleja.

Me gusta contar que esta fase de pertinencia con los dos principales puntos de inflexión y, gracias a la experiencia que he adquirido, se corresponde más a mis convicciones. Pero si el funcionamiento no cumpliera con estas dos bifurcaciones —es decir, que para pasar a la segunda fase es necesario satisfacer los requisitos de la primera—, no cambiaría mucho. Imaginemos las dos fases como puntuaciones que han de multiplicarse: la primera puede valer como máximo un número y la segunda otro número. Y puedo asegurar que la fase del marco vale mucho menos que la fase del cuadro.

Nunca he visto desaparecer una página que tuviera contenido relevante (cuadro), pero he visto desaparecer miles de ellas que tenían las palabras colocadas en los lugares correctos (marco).

La calidad: tercera fase del *ranking*

Imaginemos, pues, que nuestro recurso ha pasado la fase de pertinencia con una buena combinación de optimización: buen trabajo en el marco y buen trabajo en el cuadro que presenta los contenidos pertinentes. Sin embargo, Google se encuentra con miles de páginas que pueden resultar atractivas para la búsqueda de la persona. De modo que aplica unas puntuaciones para determinar qué páginas son más útiles que otras.

Para encontrar las páginas más útiles entre las que han superado la etapa anterior, Google intenta comprender cuáles manifiestan competencia, reputación y confiabilidad. Por ejemplo, uno de los principales factores por los que Google entiende la reputación es comprobar si los sitios web importantes contienen enlaces o referencias a estas páginas. Según Google, eso suele ser una buena señal para definir que la página es digna de confianza.

Hoy los enlaces representan sin duda la aguja de la balanza en la evaluación de la calidad de un sitio, y existen muchas patentes sobre el tema a nombre de Google en las bases de datos que los recopilan. La más famosa es el PageRank[12], que ha tenido muchas evoluciones y muchos hermanos y hermanas, primos y primos.

12. https://bit.ly/giorgio23.

Sin embargo, para hacernos una idea de lo extenso que es el asunto de la Calidad, hemos de saber que si para esta parte vamos a encontrar solo 150 palabras en la guía a la que nos remitimos, las pautas de Quality Rater contienen alrededor de 60.000. Porque la calidad, al contrario de lo que pueda parecer, es medible por algoritmos: está claro que en Google la evalúan a su manera, pero es evidente que la miden.

Estoy seguro de que la parte dedicada a la Calidad ofrecerá muchas ideas concretas sobre cómo crear nuestro cuadro.

La usabilidad: cuarta fase del *ranking*

Una vez asignadas las puntuaciones de calidad, que, recordémoslo, tienen como objetivo el de encontrar las páginas más útiles para los fines de quien ha realizado la búsqueda, ha llegado el momento de dar prioridad a las páginas que ofrecen una buena experiencia.

Para ello, Google ha inventado una puntuación a la que llama Page Experience y que, a diferencia de todas las fases anteriores, se puede medir con precisión. Google ofrece una guía avanzada sobre el tema[13], con herramientas para monitorear todo lo que vamos a mencionar y un panel de control general en Search Console, que nos dice todo lo que no funciona, página por página[14].

Una pequeña nota: cuando Google comienza a lanzar iniciativas de este tipo, tarda siempre muchos años en lograr algo digno de confianza. De esta manera, quienes se encargan del SEO se muestran escépticos al principio. Cuando comenzaron a aparecer referencias claras a la Calidad con indicaciones precisas en las pautas de los Quality Rater, muchos cuestionaron mi divulgación de estos conceptos, porque creían que era imposible que un algoritmo identificara la calidad. Hoy, en cambio, todo el mundo habla de ello. Lo mismo está ocurriendo con la

13. https://bit.ly/giorgio24.
14. Desde aquí https://bit.ly/giorgio25 podemos acceder y luego nos pedirá que seleccionemos desde qué sitio, entre aquellos a los que tenemos acceso, podemos verificar los datos.

Page Experience: aunque haya cosas que parezcan extrañas, esta puntuación irá mejorando con el tiempo.

Pero volviendo al tema que nos ocupa, para entender la visión de Google en esta parte ya no nos referiremos a las guías oficiales, ni a las de Search Console —que están ordenadas de tal forma que representan una visión demasiado técnica y que ahora no nos ayuda mucho—, sino que nos referiremos a un esquema lógico creado por Jeffrey Jose, el gerente de producto de Búsqueda de Google.

Jeffrey Jose, en el Google I/O el 18 de mayo de 2021[15], explicó la Page Experience con el esquema lógico que se muestra en la figura 2.2.

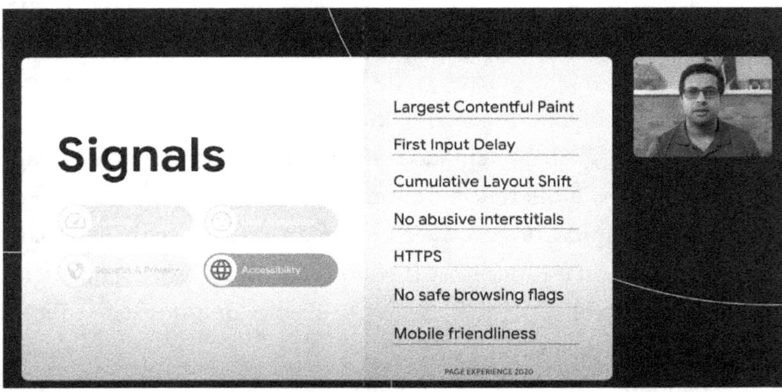

Figura 2.2 – El esquema lógico mostrado por Jeffrey Jose para explicar la Page Experience.

Es decir, la Page Experience se basa en cuatro principios generales:

1. Carga.
2. Molestias personales.
3. Seguridad y Privacidad.
4. Accesibilidad.

15. https://bit.ly/giorgio26-1: el vídeo y el minuto donde se puede ver el esquema lógico.

Antes de ver qué es lo más importante hoy en día para cada fase y comprender juntos por qué debemos lograr una buena Page Experience, cabe destacar que en la actualidad solo estamos dando los primeros pasos y que, por ejemplo, si en la fase de accesibilidad actual vemos lo que se llama Mobile Friendliness, en el futuro podremos ver muchos otros parámetros.

No nos desanimemos, sin embargo, por el hecho de que todo esté en construcción: a fin de cuentas, ¿qué es realmente definitivo en nuestro mundo?

Hoy puedo confirmar que:

- en la categoría de carga encontramos el Largest Contentful Paint (LCP), o la velocidad de carga de contenido percibida, y el First Input Delay (FID), o el tiempo de reacción de la interactividad;
- en la categoría de molestias personales encontramos el Cumulative Layout Shift (CLS), la estabilidad visual, y la publicidad intrusiva;
- en la categoría seguridad y privacidad, el uso de https y las banderas de Navegación no segura;
- en la categoría accesibilidad, encontramos el Mobile Friendliness.

En la Search Console de Google podemos ver las indicaciones, página por página, de la puntuación global: si las puntuaciones son buenas, las veremos en verde, si son mejorables, en naranja, y si son malas, en rojo. Y también podemos entender dónde nos estamos equivocando.

Lo más importante, con todo, es comprender que luego habrá una puntuación global de Page Experience para cada página, que indicará si es buena, mejorable o deficiente. Este indicador es válido tanto para nuestra página en la versión móvil como para la versión de escritorio, con la única diferencia de que para esta última no se toma en consideración el parámetro Mobile Friendliness y no hay otros, porque no existe un Desktop Friendliness, al menos por ahora.

Ahora bien, esta puntuación tiene algunas consecuencias de peso. No solo se toma en cuenta para mejorar el *ranking*, sino que Google ha decidido que en algunas áreas (como el recuadro de noticias principales) no aparecerán sitios con una Page Experience deficiente o mejorable. Además, cuando hay una buena experiencia de usuario, Google tiene intención de resaltarlo en los resultados de la búsqueda.

Por lo tanto, una buena Page Experience podría mejorar nuestras posiciones, otorgarnos un sello, ofrecernos la posibilidad de acabar en zonas que de otro modo serían inaccesibles.

El contexto: quinta fase del *ranking*

Y así hemos llegado a la última fase, aquella en la que las acciones de SEO que deben implementarse son muy precisas. Google decide que antes de enviar los resultados a la persona conviene comprobar la posición geográfica, las búsquedas anteriores y la configuración de búsqueda que hay en nuestros perfiles.

La ubicación geográfica afecta en gran medida a nuestros resultados de búsqueda en lo que se refiere a la comprensión de una frase, tanto para los temas como para las necesidades lingüísticas. Así, buscando [football] notaremos un cambio de tema entre los resultados de búsqueda de Estados Unidos y los de Inglaterra, mientras buscando [pizza] encontraré las pizzerías del lugar donde me encuentre en el momento de la búsqueda.

Las búsquedas anteriores, en cambio, simplemente ayudan a proporcionar más contexto: si he buscado [barcelona] y recientemente busqué [barcelona vs real madrid], Google tiene en cuenta el contexto deportivo, y por lo tanto los resultados tendrán una personalización en este sentido.

Además, la configuración de búsqueda también se refiere a la eliminación de resultados explícitos: una de las funcionalidades se llama SafeSearch y permite no mostrar contenido en los resultados de búsqueda que los algoritmos consideran para adultos.

La influencia de las acciones SEO es muy importante para la posición geográfica, es inútil para la configuración de búsqueda, y debe tenerse en cuenta para búsquedas pasadas: si tenemos la posibilidad de dirigir la comunicación para un anuncio televisivo o radiofónico, podríamos encontrarnos en condiciones de impulsar en cierta manera la búsqueda de la marca para la que trabajamos. Cuando un grupo considerable de personas comienza a buscar algo con insistencia, este comportamiento puede tener efectos importantes. Por ejemplo, si hay muchas personas que buscan una determinada palabra junto con nuestra marca y esto no sucedía antes, es muy probable que Google sugiera esta búsqueda a quienes busquen nuestra marca en el futuro. Desde hace unos meses, Google inserta la palabra newsletter junto a la palabra Giorgio Taverniti. Entonces, si alguien busca Giorgio Taverniti, Google sugiere hoy que busque [newsletter de Giorgio Taverniti].

¡Caramba con este Google, caramba con las personas que se dedican al SEO!

Conclusiones para la fase de *ranking*

Hagamos un pequeño resumen de los objetivos que se marca Google en cada fase, porque de esta forma quedarán más claros.

Significado: el objetivo es entender lo que la persona quiere, conscientes de que una palabra puede tener múltiples propósitos y argumentos. Como si fuera un puzle que ha de armarse teniendo en cuenta las necesidades de todo el mundo y dando prioridad a las más frecuentes. Por tanto, si para [nápoles] el noventa por ciento de las búsquedas persiguen información sobre fútbol, el cinco por ciento sobre la ciudad, el dos por ciento sobre el ayuntamiento, estos porcentajes son fundamentales. Miremos siempre con atención los resultados de la búsqueda, porque la necesidad de Intención y la de Contenido son fundamentales.

Pertinencia: el objetivo es comprender los recursos que realmente pueden corresponder a lo que la persona quiere, especialmente mediante la identificación de los contenidos pertinentes.

Calidad: el objetivo es ofrecer las páginas más útiles. Por lo general, las que tienen enlaces de sitios importantes son las favoritas.

Usabilidad: el objetivo es ofrecer a las personas páginas que les hagan vivir una buena experiencia, segura y rápida.

Contexto: el objetivo es poder personalizar la experiencia, dando ese toque de información útil para cada persona.

Por último, es importante subrayar que Google pone en marcha una serie de procesos tanto para testear los resultados de búsqueda[16] (en los que participan tanto Quality Raters como cualquiera que realice una búsqueda) como para detectar el SPAM[17] (tanto con algoritmos automáticos como con los equipos que reciben los informes de las personas y los evalúan).

En definitiva, nuestro recurso debe construirse de manera que satisfaga las necesidades de las personas, alojando contenido pertinente en su interior, alcanzando la mayor calidad posible, logrando enlaces desde sitios de internet relevantes, asegurándonos de que se cargue de forma rápida, segura y sin molestar a las personas.

El enfoque de Google para monitorear la experiencia de las personas en Internet y cómo esta información es relevante en los *rankings* son temas que a menudo se pasan por alto, como si Google no pudiera llegar tan lejos. Por lo tanto, le he pedido a Andrea Pernici, CTO in Search On Media Group, una contribución después de leer este libro. Andrea se encuentra entre los mayores expertos del mundo en lo que respecta a Web Performance y, entre otras cosas, la única persona (junto con Marco Quadrella) que ha encontrado un fallo de seguridad en los resultados de Búsqueda de Google: https://bit.ly/andrea-marco.

16. https://bit.ly/giorgio27.
17. https://bit.ly/giorgio28.

Rendimiento web, usabilidad y UX

por Andrea Pernici

La cuarta fase del *ranking* (Usabilidad) encaja perfectamente en la definición de un Google líquido y es de fundamental importancia repasar todo nuestro análisis de la evolución para entender, además, por qué ha logrado Google llegar poco a poco a una medición coherente con las prácticas de optimización del rendimiento web, usabilidad y UX o experiencia de usuario.

Google ha evolucionado a su condición de líquido porque ha sido capaz de seguir el flujo de la corriente en el mundo real para adaptarse y poder convertirse en un ser casi sensible, explotando la tecnología que hoy le permite hacer un monitoreo real del uso a gran escala.

Hace años que se habla de la importancia del rendimiento en la experiencia de usuario. Pero tras el gran trabajo de Steve Souders, precursor absoluto en el campo de la optimización de la velocidad de los sitios y Head of Performance Engineer en Google durante años, y posteriormente de Ilya Grigorik (Web Performance Engineer en Google durante casi ocho años), hemos llegado a una gran madurez en este sector, que cuenta por fin con muchas mentes brillantes. Gracias a ellos hemos llegado a medir el corazón de la Page Experience: las Core Web Vitals. Estas se componen de las tres métricas mencionadas en el libro:

- el Largest Contentful Paint (LCP);
- el First Input Delay (FID);
- el Cumulative Layout Shift (CLS).

Siempre se ha hablado del impacto del rendimiento en el SEO, pero solo desde 2010 en adelante el mundo del SEO lo asoció con la experiencia de usuario. Fueron necesarios cerca de cuatro años para poder definir que los rendimientos tenían un impacto directo (https://bit.ly/andrea-1). Creo que ese fue el momento en el que se produjo un cambio de pensamiento en Google en la forma de abordar la medición del rendimiento como factor del *ranking,* si bien, de manera más general, ha llevado a encontrar la cuadratura en algo más general e importante, como la usabilidad y la experiencia de usuario.

He hablado antes del Real User Monitoring (RUM). Esta técnica es muy efectiva porque monitorea lo que la gente está haciendo en tiempo real. A partir de esta técnica se creó el Chrome UX Report (https://bit.ly/andrea-2) y luego, a partir de ahí, se decidió emplear el Real User Monitoring a gran escala, comenzando a definir métricas de medición lo más cercanas posible a los elementos de usabilidad, experiencia, frustración y percepción del usuario, que cada vez más es una persona. Este paso sentó las bases de las Core Web Vitals, que entran de lleno en la definición de liquidez y son algo que ya incluye intrínsecamente el concepto de cambio. De hecho, para saber si una puntuación es buena o mala, Google realiza un cálculo medio. Luego decide, por ejemplo, que un Largest Contentful Paint es bueno cuando está en 0,7 segundos. Pero si todos mejoran y empiezan a ser más rápidos, Google se adapta y decide que ese 0,7 ya no es suficiente para ser considerado bueno.

Hay que tener en cuenta que, por primera vez en la historia, se ha introducido un tipo de medición de esa clase en cualquier herramienta SEO, pero también en otras (analíticas, publicidad, servidores), creando una importante concienciación sobre el tema, lo que ha provocado un aumento de las solicitudes de consultoría.

Ahora que Google puede medir la optimización del rendimiento web, la usabilidad y la experiencia de usuario y que tienen un impacto en todo su ecosistema, se están convirtiendo en una parte central de cualquier proyecto de Internet. No hacía falta la presencia de Google para hacerlo, pero el acelerón que ha dado ha sido importante y todos nos estamos beneficiando. Google es una entidad que se adapta y crece con el afán de encontrar siempre las mejores herramientas de medición y evaluación para representar la bondad de una página como satisfacción de una necesidad de búsqueda en todos sus aspectos.

3 Detrás de una búsqueda

La barra de búsqueda

La barra de búsqueda es la puerta de entrada al ecosistema. Cuando la usamos al teclear palabras, lo que introducimos es una frase que consideramos que puede abarcarlo todo, pero eso no pasa de ser una gran simplificación. Con el tiempo nos hemos vuelto cada vez más hábiles y, además, gracias a las búsquedas por voz, conseguimos pedir información de forma más natural. Si a principios de este siglo usábamos la búsqueda de una forma muy simplificada, hoy los usos que hacemos de ella son de lo más variado. Y cuanto más experimentamos las respuestas que Google puede ofrecer, mejor lo hacemos. En la figura 3.1 usamos Google Trends[1]: es un servicio gratuito de Google que puede proporcionar indicaciones precisas sobre las búsquedas de las personas en un país determinado durante un período de tiempo determinado. Es una de las mejores herramientas que hay en Internet y hoy en día ofrece muchos más detalles. Como puede verse, las personas buscan frases que contengan «cerca de mí» mucho más de lo que solían. Y claramente no han sido los problemas relacionados con la pandemia de COVID-19 los que impulsaron tanto las búsquedas, porque durante el primer año de la pandemia solo se aprecia un ligero aumento. Pero ahora Google empieza a responder mejor y nosotros empezamos a entender qué podemos hacer con estas búsquedas.

Figura 3.1 – Gráfico que muestra una tendencia creciente para [cerca de mí]: búsqueda realizada en Google, en Italia, durante los últimos cinco años.

1. bit.ly/giorgio29.

Hoy las posibilidades de búsqueda son muchas: texto, voz, inserción de una imagen, etc. El objetivo de Google es entender mejor lo que queremos para ofrecer mejores resultados.

Y, seguramente, la inteligencia artificial le está echando una buena mano.

El uso de la inteligencia artificial

Aunque llevemos años hablando de ello, aunque haya habido diversas evoluciones y pruebas, soy partidario de decir que la verdadera era de la inteligencia artificial empezó para Google con BERT[2]: anunciado en 2019[3] y aplicado a más de 70 idiomas en pocos meses. Pero para verlo en acción en casi todas las búsquedas en inglés, tuvimos que esperar hasta finales de 2020. Nos interesa porque, cronológicamente, podemos decir que esta es la primera vez que se mejora de forma significativa la comprensión de lo que está tecleando la persona.

El ejemplo de la página oficial es el siguiente: si la persona está buscando [*parking on a hill with no curb*], donde «no curb» es «sin acera», los sistemas anteriores no le daban demasiada importancia a ese «no» y, por lo tanto, en los resultados de la búsqueda aparecían artículos que no eran realmente útiles. Desde la aplicación de BERT en adelante, Google ha invertido mucho en comprender en detalle el significado de una frase tecleada y con BERT también ha estudiado el significado en función del orden de las palabras, consiguiendo comprenderlo tanto leyendo de izquierda a derecha como de derecha a izquierda (no es raro que se escriba mal el orden de las palabras o que el orden de manera diferente varíe según el dialecto).

2. BERT y MUM son tecnologías de procesamiento del lenguaje natural, en inglés Natural Language Processing (NLP), que sirven para analizar un idioma con el objetivo de «comprender» sus significados. Estas técnicas se utilizan para realizar diversos tipos de análisis, como el análisis gramatical, sintáctico o semántico. Se utilizan en distintos campos, como la síntesis de voz, por ejemplo.
3. El anuncio oficial: https://blog.google/products/search/search-language-understanding-bert/.

Puede que nos decepcione, pero así son las cosas: hasta 2020 Google (en inglés) no empezó a tomar en consideración el significado de una frase también en orden inverso. Es importante recordar por todas las personas que, a partir de 2016, año en el que Sundar Pichai dijo al mundo entero que Google sería AI First, han inventado las cosas más increíbles atribuyendo a los algoritmos la capacidad de interpretar lo que escribimos fuera de las pautas comunes.

BERT también es utilizado por muchos otros y nosotros mismos podemos usarlo para que nos escriba textos, solo por poner un ejemplo. Internet va dando pasos adelante en eso también y con todas las novedades que van llegando tenemos textos, imágenes y vídeos producidos por la inteligencia artificial. Solo puedo decir que será explosivo: no asistiremos a un crecimiento lineal en el uso de la IA, sino exponencial. De hecho, a Google no le había dado tiempo para hablar sobre el uso de BERT cuando unos meses después llegó una gran novedad. Una gran novedad que se llama MUM[4]: se lanzó en mayo de 2021 y es mil veces más potente que BERT.

La gran diferencia de MUM puede verse en tres características:

1. es capaz de eliminar las barreras del idioma, por lo que puede buscar y proporcionar información independientemente del idioma de origen. Mientras antes, para conseguir información en italiano desde el japonés había que pasar por el inglés, hoy esto se produce directamente;
2. es capaz de realizar transversalmente la búsqueda: incluye texto e imágenes y pronto incluirá también vídeo y audio;
3. entiende si la frase está escrita correctamente, si dice lo mismo que otras frases y es capaz de hacer resúmenes tan precisos que en algunos recuadros el texto ya no está sacado de Wikipedia, sino que es creado directamente por Google.

4. El anuncio oficial: bit.ly/giorgio30.

Esto es exactamente lo que está sucediendo: Google está tratando de superar a Wikipedia porque es muy limitada. El formato del contenido es siempre el mismo, y las versiones de Wikipedia en idiomas diferentes al inglés no son tan ricas y precisas como podría creerse. Por esta razón, Google ha añadido a su fuente de datos Commoncrawl.org[5], ha estado trabajando y está construyendo su propia base de datos, según nos informó Gianluca Fiorelli durante el Search Marketing Connect en diciembre de 2021[6].

Lo más sorprendente de MUM, con todo, es una increíble comprensión del contexto. Si hemos escalado una montaña y estamos buscando información sobre la próxima ascensión que deseamos hacer, tendremos que realizar muchas búsquedas para comprender la diferencia entre las diversas opciones que se presentan: la altitud de cada montaña, las temperaturas medias en el período, la longitud y dificultad de los senderos de aproximación a las paredes, el equipamiento adecuado que hace falta. Pues bien, Google también está tratando de superar esta barrera con MUM, para brindar respuestas inmediatas.

Y dado que es transversal, podremos subir una foto de nuestras botas de montaña y preguntarle a Google [¿son aptas para escalar el Mont Blanc?].

Eso es exactamente lo que dije hace muchos años. No, no que la inteligencia artificial llegaría a este punto —este concepto se formuló mucho antes de la Web (no solo de Internet)—, sino que Google usará la inteligencia artificial no solo para entender lo que buscamos, sino para acortar nuestro recorrido entre las muchas sesiones de búsqueda que hacemos. Así, pues, dispongámonos a ver este viaje.

5. Common Crawl es una organización sin ánimo de lucro, que proporciona varias bases de datos de información recopilada de Internet y almacenada de forma lógica.
6. G. Fiorelli, «Oh my MUM: cosas útiles y falsos mitos», presentado en SMConnect 2021, Rímini, 3 de diciembre de 2021.

La coherencia comunicativa

Antes de entrar en el meollo del capítulo, del viaje que realiza el usuario en torno a su búsqueda y a las emociones que lo impulsan, es aconsejable que nos detengamos en un concepto que aún hoy es poco debatido, pero sobre el que es útil llamar la atención a partir de ahora: la **coherencia comunicativa**, la coherencia entre lo que la persona quiere y lo que la búsqueda le proporciona. Esta coherencia acompaña a la persona en el camino que debe recorrer para llegar a donde quiere ir. La coherencia comunicativa acompaña a la persona en su recorrido por la sesión de búsqueda, y es conveniente que quien gestiona una estrategia de contenidos tenga esto en cuenta.

Pongamos un ejemplo: una persona tiene intención de llevar a toda la familia de vacaciones y busca [vacaciones relajantes], y es evidente que en las necesidades ocultas, de las que hablaremos unos párrafos más adelante, quiere estar tranquila: si va con hijos e hijas, busca un lugar donde alguien pueda cuidarlos a ellos también.

La coherencia comunicativa sugiere que a partir del *snippet* (en términos técnicos, este es el nombre del resultado único de búsqueda), compuesto por título, descripción, url y otra información, la persona clicará en el resultado de búsqueda que le parezca más coherente y que, por lo tanto, cree que responderá mejor a sus necesidades.

A continuación, también es fundamental que, cuando la persona aterrice en el sitio elegido, el motivo por el que haya clicado sea inmediatamente visible y, por lo tanto, la página sea coherente. Pero aún diré más: la coherencia comunicativa también es importante para las páginas internas de nuestros sitios, no solo para la página principal.

No hay SEO que valga, ni diseño ni UX. Lo que importa es la persona, no las opiniones personales. Pensemos en lo importante que es —para esa persona que busca unas vacaciones familiares— esa frase en los resultados de búsqueda que dice: «El mejor hotel para familias del mundo». O, asimismo, pensemos en lo importante que es la imagen que aparece apenas la persona clica: si encontrara la foto de una familia feliz en un spa, entendería que estaba en el lugar correcto, porque esa imagen refleja sus necesidades y, al mismo tiempo, los valores de la marca que podrían satisfacerlas.

Dejo aquí otra sugerencia: si nos ocupamos de una realidad que tiene su propio posicionamiento de valores, un lenguaje, estos deben ser respetados en este ámbito también, porque es desde aquí desde donde comienza nuestro primer contacto con un cliente potencial[7]. Es un grave error pensar que se trata de tecnicismos, que hay que optimizar las páginas para Google. Esta es una de las áreas sensibles. Intentémoslo por nuestra cuenta. Busquemos un hotel en Google y veamos cuántas instalaciones tienen:

- el posicionamiento presente en el *snippet*;
- el posicionamiento visible inmediatamente después de que hayamos clicado, sin hacer nada más.

Si luego realizamos la prueba desde nuestro móvil, notaremos que ese porcentaje cae drásticamente. Porque si los sitios de hoteles para los ordenadores se ven afectados por la plaga de los visores de imágenes, los sitios de hoteles para móviles se ven afectados por la «no comunicación».

Lamento tener que admitirlo, pero con la mayoría de los sitios que encuentro en Google pierdo la apuesta que siempre hago conmigo mismo: aquí sí, me juego algo a que este es el sitio adecuado para mí.

El viaje del usuario alrededor de la sesión de búsqueda

En el capítulo anterior hemos abordado el concepto de sesión de búsqueda en el apartado del Significado de una búsqueda. Google ya sabe lo que podremos acabar buscando al cabo de unos días, en función de

7. Concepto expresado en el libro *Positioning, The Battle For Your Mind*, de A. Ries y J. Trout, McGraw Hill, Nueva York, 2001.

lo que estamos buscando en este momento y, por lo tanto, en los resultados de búsqueda nos ahorra tiempo al aportar resultados precisos. Al buscar [restaurantes en Roma] vemos ya una clasificación de la tipología de restaurante (románticos, íntimos, de pescado) y vemos una serie de datos útiles para el futuro: opiniones, precios, ubicación geográfica, números de teléfono. En lugar de tener que buscarlos dentro de unos días, los encuentro inmediatamente visibles ya, y con MUM estos datos inmediatamente visibles serán miles. Sin embargo, para identificar qué es una sesión de búsqueda, es fundamental entender que, si hay una sesión, hay momentos. De manera que podemos decir que los momentos de una búsqueda pueden ser los siguientes:

- antes de realizar una búsqueda;
- durante la sesión de búsqueda;
- después de la sesión de búsqueda.

Por eso lo llamo un «viaje alrededor de la sesión de búsqueda». Para aclarar estos conceptos, pondremos el ejemplo de dos personas sentadas en un bar en dos ciudades diferentes, tomando un café: Laura en Bolonia, Maurizio en Milán.

Antes de una búsqueda

El concepto de «Antes de una búsqueda» representa todo lo que nos sucede en los momentos previos a que empecemos a buscar, antes incluso de experimentar el estímulo que nos llevará a buscar. En 2011 Google dio una pista importante al hablar del «momento cero de la verdad»[8], que es ese momento en el que sientes el estímulo de hacer algo o de comprar algo y utilizas un dispositivo para buscar información.

Así pues, volviendo a nuestro ejemplo: Maurizio está en el bar, ve pasar a una persona con unas zapatillas Nike rojas y tiene ganas de saber

8. El estudio: bit.ly/giorgio32.

de qué modelo se trata. Abre el teléfono, entra en Google y empieza a buscar (es una pena que no haya sido lo suficientemente rápido, podría haber tomado una foto para buscar con Google Lens, lo que le habría proporcionado la respuesta precisa). Con la cantidad de información disponible en Internet y una barra de búsqueda que permite acceder a cualquier cosa, todo ha cambiado. Han cambiado los tiempos y modalidades de las acciones que realizamos. De hecho, en los años siguientes Google dio un paso adelante hablando de micromomentos[9]. Existen al menos cuatro tipologías de momentos que estimulan la búsqueda:

- I-want-to-know: quiero información;
- I-want-to-go: quiero ir a un sitio;
- I-want-to-do: quiero hacer algo;
- I-want-to-buy: quiero comprar algo.

Ello recuerda a las necesidades de tipo intención utilizadas para categorizar las búsquedas que descubrimos en la parte del significado de una búsqueda. Hay que tener cuidado para no caer en malentendidos: quiero hacer algo, por ejemplo, puede significar tanto «quiero preparar una receta» como «quiero cambiar la rueda del coche». Por eso Google nos muestra a veces tutoriales compuestos por texto más fotos, otras veces un fragmento de tutorial en YouTube.

Por lo tanto, lo que sucede antes de realizar una búsqueda no es lo que sucede entre el estímulo y la acción de la búsqueda, sino lo que sucede desde la nada más absoluta hasta el estímulo. Maurizio, desde un bar de Milán, acaba de buscar en Google la consulta [zapatillas Nike rojas último modelo] desde su teléfono porque ha visto pasar a una persona. Laura desde un bar de Bolonia acaba de hacer la misma consulta en Google desde su teléfono, porque, hablando con una amiga, manifestó que está pensando en comprarse un nuevo par de zapatillas para salir a correr y su amiga le sugirió el último modelo de Nike, unas rojas que irían bien

9. 4 new moments every marketer should know, junio de 2015, bit.ly/giorgio33.

con su equipo de corredora. Laura comprará las zapatillas porque encuentra el modelo en Google, lo busca en Amazon y ve que está al corriente del número de zapatos que usa, porque compró el modelo anterior en Amazon. De esta manera, las compra en seguida.

Maurizio hará la compra al cabo de dos semanas, después de comparar todos los modelos, pero al final no se decidirá por las Nike.

Pues bien, de toda esta fase sabemos poco, hablamos poco, compartimos poco. Si empezáramos a hablar más sobre eso, probablemente saldrían a la luz muchos más problemas sin resolver.

¿Qué es lo que genera realmente un estímulo? ¿De qué manera influyen al final esos estímulos en las acciones reales de las personas? ¿Cómo podemos estudiar y modificar las intenciones?

Y, sobre todo, ya que estamos en el campo de la inteligencia artificial, ¿es capaz de predecir Google, a partir del comportamiento del móvil y/o del navegador, si alguien está a punto de realizar una búsqueda?

La sesión de búsqueda

Pues bien, tenemos el estímulo, así que busquemos. ¿Cuáles son los momentos que conforman la sesión propiamente dicha?

La consulta. Tal vez sea la fase en la que Google dispone de más información y donde más se ha concentrado. Es la parte del significado de la búsqueda, y se necesitaría un libro entero para ilustrar a fondo este punto.

La interacción con los resultados de búsqueda. Enrico Altavilla, en el Web Marketing Festival de 2014, afirmó: «Por lo tanto, el *ranking* se basa en parte sobre lo que los usuarios y las usuarias comunican a Google»[10].

Pero ¿cómo dejan sus comentarios?

A través de estas acciones:

10. E. Altavilla, *Como modifican las (re)acciones de los usuarios el ranking en Google*, presentado en el WMF, Roma, 4 de julio de 2014.

- Clics.
- Sesgo de posición (las personas hacen clic con más frecuencia en los resultados que están en lo alto, debido a un prejuicio, pero muchas veces se dan cuenta de que es un error y retroceden inmediatamente).
- Orden de los clics.
- Resultados no clicados.
- Acciones posteriores al clic (tiempo de permanencia en las páginas, interacciones, ulteriores sitios visitados si se vuelve atrás, ulteriores búsquedas realizadas).
- Movimientos del ratón.
- Abandono de la búsqueda.
- Tiempos de respuesta (cuánto tarda la persona en volver atrás después de clicar en un resultado).
- Relación con la consulta (cuando los resultados presentados se acercan a lo que la persona buscaba).
- Similitud de las consultas (las búsquedas adicionales realizadas antes de realizar la búsqueda correcta).

Como puede apreciarse, aquí me ha parecido oportuno definir solo algunos de los diez puntos, pero, si así se desea, puede profundizarse más con las diapositivas que se encuentran en la url: bit.ly/giorgio34.

Quienes todavía piensan solo en el clic podrán comprobar que, en esta lista, que tiene casi diez años, el clic es solo uno de los diez parámetros.

La interacción con la página seleccionada. Hay una patente de Google que me gusta mucho. Por mucho que me guste, sin embargo, no es seguro que Google lo use. Con todo, sus conceptos son interesantes, útiles y sobre todo es una de las pocas que profundiza en esta fase. Se llama *Watch time based ranking*[11] [Clasificación basada en el tiempo de visualización] y tiene en cuenta el tiempo dedicado a utilizar los recursos presentados durante la sesión de búsqueda. Hay tres conceptos

11. bit.ly/giorgio35.

muy importantes: uso, recursos, sesión de búsqueda. Al imaginar una página con un vídeo o un podcast incrustados, la patente explica cómo el algoritmo tiene en cuenta las interacciones que las personas mantienen con este contenido. Cuánto tiempo escuchan o leen, por ejemplo.

Lo sé, para algunos la tentación es fuerte. Lo primero que muchos pensarán ingenuamente es: «¡Entonces puedo llenar mis páginas de vídeos porque aumento el tiempo de permanencia!». Algo que solo se basa en uno de los muchos parámetros, y además fuera de contexto: la información se utiliza para medir la calidad de una página. Sí, se puede medir. En el próximo capítulo hablaremos más en profundidad sobre la calidad para Google.

Tengamos esto bien en cuenta: lo importante es adquirir conciencia de que ir buscando trucos técnicos para insertar en las páginas es inútil, porque el criterio de Google es la satisfacción de las personas. Si nuestra página no satisface las necesidades de las personas, es posible que hayamos hecho todo lo que queríamos, pero terminaremos cayendo. Cayendo de posición.

El cierre. ¿Qué determina que una persona cierre la sesión de navegación? ¿Otra búsqueda? No. Porque podría ser una profundización.

¿Que ha pasado mucho tiempo en el primer sitio que abrió la persona? No, porque puede salir y buscar de nuevo.

¿El cierre del navegador? Sí, podría ser. Podría serlo para Google. Pero en lo que a mí, la persona, se refiere, puede que no haya acabado: por ejemplo, puedo continuar la búsqueda en el móvil.

En definitiva, para Laura el cierre podría ser la compra, pero si empieza a buscar una pulsera de actividad para entrenar, ¿podemos decir que realmente se ha cerrado? En el caso de Maurizio, en cambio, duró dos semanas: tras elegir otra marca, no efectuó ninguna acción más.

En definitiva, determinar qué representa un cierre es un misterio, excepto cuando hay una acción que pone fin de manera evidente al cierre. Es decir, tengo un objetivo, la alcanzo y cierro. Pero no siempre es tan fácil de definir.

Después de la sesión de búsqueda

Después de la sesión de búsqueda, realizada con nuestro ordenador o cualquier otro dispositivo, realizamos, como es natural, otras búsquedas o, en general, otras acciones (pero cuidado, no necesariamente las hacemos siempre con el mismo dispositivo): estas búsquedas se enmarcan en el cajón de sastre titulado «Después de la sesión de búsqueda». Si lo pensamos bien, el teléfono móvil no solo ha aportado muchas más acciones posteriores a una sesión de búsqueda, sino que también las ha hecho rastreables.

Por ejemplo:

- las llamadas;
- desplazamientos físicos;
- órdenes;
- subidas a redes sociales (recordemos que Android es de Google).

Estos son solo algunos ejemplos.

Y es que, además, algunas de estas acciones podrían considerarse aún parte de la sesión, por lo que comprender qué provoca un cierre suele ser un misterio. Si abro una sesión de búsqueda para ir a un bar, cierro mi búsqueda yendo efectivamente al bar. Está claro que Laura, al utilizar un correo electrónico de Gmail para iniciar sesión en Amazon, ha informado a Google de su compra. Es un primer cierre.

Google es capaz de saber muchas cosas y hay muchas patentes en juego. Dos de ellas:

- si busco [Fiat] en Roma, Google sabe si hay varios concesionarios o mecánicos en Roma, de modo que me propone lo más probable y luego, gracias a mis acciones, trata de averiguar si lo ha hecho bien o no (patente *Determining relevance scores for locations*[12]).

12. bit.ly/giorgio36.

- Google sabe a dónde voy y cuánto tiempo permanezco en un lugar. Cualquier persona con una cuenta de Google Maps puede consultar el historial de sus desplazamientos en la página de referencia[13].

El mundo físico, por lo tanto, puede proporcionar información a Google de varias formas: tanto gracias al seguimiento de las acciones que realizamos como sobre la base de lo que realmente hay en un lugar. De hecho, ha habido varios test que demuestran lo que digo: he buscado un producto en línea y no lo he encontrado, luego paso frente a una tienda que tiene el producto en exposición y Google me lo notifica (test realizado en los Estados Unidos en 2014[14]).

Conclusiones

Después de este viaje alrededor de la sesión de búsqueda, albergo la esperanza de que las dudas sobre la liquidez de Google, si es que todavía nos quedan algunas, sean cada vez menores. Con el internet de hoy y necesidades como estas, desafío a cualquiera a que siga resumiendo el SEO con: «Inserte la palabra X por lo menos Y veces en el texto».

Sigo hablando del SEO porque la simplificación extrema con la que todavía hoy se habla de él —o se enseña— se refleja inexorablemente en la forma en la que vemos Google, Internet y las personas. Y nada de todo eso es sencillo.

Al abordar las necesidades de las personas, podemos entender que el SEO realmente lo abarca todo. Desde la comunicación hasta el interés real hacia un tema, desde la experiencia de usuario hasta las necesidades expresadas a través de un simplificador como puede ser una barra de búsqueda, desde la Atención al Cliente hasta nuestro estilo de redacción de contenidos.

13. bit.ly/giorgio37.
14. bit.ly/giorgio38.

Hay tanto que estudiar que hoy en día no se justifica en modo alguno hablar de dónde poner la clave, de semáforos estúpidos que dicen que el SEO está bien u otros bulos parecidos a esos.

Hay gente que habla de que la tierra es plana y hay gente que estudia el universo fuera de nuestro sistema solar. Y hay quien estudia el universo «dentro» del ser humano.

Lo que no haremos desde luego es ponernos a hablar de que la tierra es plana, porque de esta manera no haríamos un viaje de nuestra vida, sino que estaríamos siempre inmóviles, sin ningún tipo de evolución. Y esta es una de las peores cosas que pueden ocurrir.

En cambio, intentemos comprender qué temas deben explorarse, qué hay que estudiar, qué habilidades nos faltan y cuáles, por lo tanto, debemos desarrollar. Tal vez, en lugar de quedarnos en la superficie, empecemos a dar pequeños pasos hacia cosas un poco más complejas. Y compartamos nuestros pensamientos.

Las emociones como parte de las necesidades

Lo que el lector acaba de leer es la revisión de un artículo mío publicado el 4 de julio de 2018 titulado «El SEO de hoy: el viaje alrededor de la sesión de búsqueda»[15]. En octubre de 2019 apareció este artículo en el blog de Google con conceptos muy similares «Same search terms, different emotions: anticipate customer needs throughout the journey»[16].

El objetivo del artículo de Google era dar a entender cómo las personas, incluso cuando usan los mismos términos, experimentan emociones diferentes y sienten necesidades diferentes. Ello se debe a que acaban buscando una determinada clave tras un recorrido peculiar y específico, que debe ser entendido e incorporado a una correcta estra-

15. La discusión: bit.ly/giorgio39
16. Nina Taniguchi, *Same search terms, different emotions: Anticipate customer needs throughout the journey*, 2019, bit.ly/giorgio40.

tegia de contenidos. Ese recorrido es precisamente el viaje alrededor de la sesión de búsqueda.

Señalo que Nina Taniguchi, autora del artículo, llega a decir que no se puede crear contenidos que valgan para todo, para todos y todas. Y citando las dos emociones sugeridas, hace referencia al artículo "How consumer needs shape search behavior and drive intent»[17], firmado por Justin De Graaf de mayo de 2019, en el que se identifican seis emociones, que son las representadas en la figura 3.2. Es decir, sorpréndeme, asómbrame, impresióname, edúcame, tranquilízame, ayúdame.

Figura 3.2 – Las emociones representadas en el artículo. Sorpréndeme, asómbrame, impresióname, edúcame, tranquilízame, ayúdame.

Creo que el tríptico de necesidades de contenido, intención y emoción es algo increíble que hemos de lograr en la fase de creación de un recurso. Lo importante es no quedarse en lo que dice Google: las intenciones y las emociones son mucho más que las mencionadas, obviamente.

Estos son algunos ejemplos: la figura 3.3 muestra el viaje del cliente de dos personas; pueden notarse muchas sesiones de búsqueda, realizadas en diferentes momentos, desde diferentes dispositivos y con la información específica de si están en casa o no.

17. bit.ly/giorgio41.

La primera persona que vemos en la figura, Mary, tiene un viaje de cliente de 64 días, con más de 200 puntos de contacto y 5 sesiones de búsqueda. Está buscando un coche nuevo. En la segunda sesión de búsqueda, desde su casa y desde un escritorio, busca [concesionario de automóviles abierto el domingo cerca de mí]. La búsqueda se realizó casi dos meses antes de acudir allí, al concesionario, por lo que en este caso deducimos que el «cerca de mí» no indica algo que se desea lograr de manera inmediata, sino una necesidad oculta. Y la emoción detrás de esta necesidad es la tranquilidad.

Figura 3.3 – Las fases del viaje del cliente.

La segunda persona, Beth, en cambio, que tiene un viaje de cliente de 126 días, con más de 2000 puntos de contacto y 4 sesiones de búsqueda, utiliza «cerca de mí» para esta búsqueda: [cosas que hacer cerca de mí]. La imagen solo muestra esta parte porque es la más interesante:

Beth llegó por fin al lugar que eligió hace meses. Google nos dice que la emoción es la del asombro.

Tranquilidad y asombro. Dos emociones diferentes. Dos fases diferentes. Dos «recursos» completamente diferentes.

Y aquí me permito dar un pequeño salto, que me hace pasar de la posición de la persona, con sus necesidades y emociones, a la posición de alguien que tiene una estrategia de contenidos y debe asegurarse de satisfacerlas. El concesionario de automóviles, al enterarse de esa clase de búsquedas, reacciona simplemente introduciendo en el sitio y en sus archivos locales la indicación de que sus oficinas están abiertas los domingos. Y eso es correcto; pero contentarse con ello sería un grave error. Lo que es necesario entender aquí es que la persona quiere estar segura de que el concesionario está abierto para «su» domingo, que caerá dos meses después. ¿Qué tipo de recurso podemos crear para satisfacer esta necesidad? ¿Podemos tal vez escribir un artículo editorial para explicar que siempre estaremos abiertos? ¿Podemos hacer un *bot* que permita a los usuarios verificar las aperturas de las distintas sucursales de domingo a domingo? ¿Podemos crear un servicio especial para satisfacer esta necesidad?

¿Y qué podría hacer un sitio turístico con la clave [cosas que hacer cerca de mí]? La respuesta más inmediata sería crear una estrategia de contenidos muy sustanciosa, porque Google, mediante sus algoritmos, identifica, entre otras cosas, la ubicación, por lo que los resultados de Google serán diferentes si se busca desde Roma o desde Los Ángeles. Pero eso no es lo único que podemos hacer. En primer lugar, estamos en la fase de asombro, algo que seguramente, desde el punto de vista de la estrategia de contenidos, debería tenerse en cuenta. En segundo lugar, si aún no se nos ha ocurrido, podemos convertir nuestro sitio en una aplicación web progresiva (simplificando: sitios de internet que se cargan como páginas normales, pero se comportan como aplicaciones). De esta forma, es posible conocer la ubicación del dispositivo desde el que se carga la página y realmente ofrecer el mejor recurso a la persona.

Espero que este punto haya quedado lo suficientemente claro: el SEO no consiste en elegir palabras y averiguar dónde colocarlas en un sitio. Las personas tienen una necesidad y por lo tanto buscan, la búsqueda es solo una simplificación de un mundo de información que nosotros podemos deducir.

Ejemplos prácticos de emociones y coherencia

Cuando una página gestionada por nosotros aparece en primera posición, generalmente sentimos una gran satisfacción y sabemos muy bien qué tipo de resultado puede suponer para las búsquedas comerciales. Lo que no tenemos en cuenta, sin embargo, es que un resultado puede aumentar su valor incluso permaneciendo estacionario en la posición en la que se encuentra, por ejemplo, quedando en segundo lugar.

Decíamos que en los resultados de búsqueda la gente hace clic en lo que corresponde a sus necesidades, en la idea que ya tiene en mente. Cuanto más se acerca, más hago clic en él. Un ejemplo clásico son las búsquedas de marcas o las consultas de sitios web: si un usuario busca una marca y aparece correctamente, es muy probable que la marca reciba más del 70% del tráfico. Es decir, de 100 personas que buscan, más de 70 accederán al sitio. No todas las búsquedas son búsquedas de marca, pero eso no significa que no podamos trabajar para aumentar el número de personas que acceden mejorando nuestra comunicación. No me refiero solo a saber escribir un título y una descripción que atraiga clics, me refiero a escribir a las personas que queremos atraer.

Una duda gramatical

Cuando somos los primeros, pero no somos una búsqueda de marcas, es difícil llegar al 70% del tráfico. Esto se debe a que estamos en una competencia pareja con todos los demás. Aun así, puede suceder. Lo importante es entender cómo. Vamos a referirnos a los datos oficiales de Google Search Console, que en la parte de rendimiento nos dicen a través de qué claves llegan las personas a nuestras páginas, y echemos un vistazo a la figura 3.4.[18]

La búsqueda [li o gli], referida a una duda en el uso de artículos en italiano, muestra en primera posición al antiguo Forum GT, hoy connect.gt, que es una comunidad dedicada al marketing digital y que tiene poco que ver con la gramática, mientras que en segunda posición vemos a una institución italiana: la Accademia della Crusca, equivalente a la RAE española. Mientras que en la tercera, un sitio dedicado a la escritura. Sé que muchos piensan que la marca y la reputación cuentan mucho, pero cuando muestro luego la figura 3.4 se quedan boquiabiertos: más del 70% de las personas eligen una comunidad de marketing digital.

Pero diré más: cuando la Accademia della Crusca quedó en primera posición y el antiguo GT Forum quedó en segunda posición, el resultado fue aún más sorprendente: casi el 60% hizo clic en la comunidad. No sé si existen casos prácticos en los que el segundo resultado se lleva más de la mitad del tráfico de todos los demás, pero sin duda es un caso excepcional.

Figura 3.4 – Resultados de búsqueda de Google.it para la frase [li o gli].

18. Datos de octubre de 2018; más tarde el sitio cayó de posición.

	Query	Clic ▼	Impressioni	CTR	Posizione	
1	il lonfo	11.597	102.797	11,28%	4,5	»
2	il lonfo testo	10.106	22.431	45,05%	1,4	»
3	il lonfo poesia	6.459	15.836	40,79%	1,6	»
4	gif animate	6.434	96.182	6,69%	2,7	»
5	li o gli	3.794	5.388	70,42%	1,2	»

Figura 3.5 – Detalle de los clics recibidos por el sitio en primera posición.

Ahora la pregunta es: ¿por qué?

La barra de búsqueda es un simplificador de lo que queremos. Las personas que buscan [li o gli] tienen en mente una pregunta más extensa como «cuándo usar *li* y cuándo usar *gli*» o algo parecido. Y el tipo de emoción podría estar relacionado con la ayuda.

El resultado de Forum GT es absolutamente coherente, porque el título es «Cuándo se usa *li* y cuándo se usa *gli*». Y podemos confirmar que esta es la pregunta de fondo, porque entrando en los detalles de los datos vemos que para la búsqueda [cuándo se usa li o gli] ¡el porcentaje llega casi al 90%! (Figura 3.6).

	Query	Clic	CTR	Posizione ▲	
1	quando si usa li o gli	131	86,75%	1,0	»
2	si dice li o gli	41	82%	1,0	»
3	quando usare li o gli	26	100%	1,0	»
4	li o gli regola	10	100%	1,0	»
5	li o gli quando si usano	2	100%	1,0	»
6	li o gli?	146	76,44%	1,2	»
7	li o gli	3.794	70,42%	1,2	»
8	pronome li o gli	41	73,21%	1,4	»

Figura 3.6 – Detalle de los clics recibidos por la página en cuestión.

Me parece muy relevante entender exactamente qué quiere una persona, qué representa esa búsqueda, en qué estado emocional se encuentra la persona en esa fase de búsqueda. Al trabajar de esta manera, con esta atención al detalle, realmente podemos marcar la diferencia.

Hay otra consideración que resulta obligada: la gente busca igual que escribe. Esta quizá sea una de las lecciones más importantes: en nuestros proyectos son fundamentales las áreas que permiten que las personas interactúen con nosotros. Si no podemos crear una comunidad, podemos crear una sección clásica de preguntas y respuestas, donde sea posible enviar una pregunta al personal. Podemos hacer un *chatbot*, podemos introducir una búsqueda por voz.

Mudarse a un sitio

Intentemos buscar una clave en Google: [mudarse a Tailandia], [mudarse a Roma], [mudarse a California]. Es un ejercicio que resulta interesante. Probemos a hacerlo y leamos los resultados de la búsqueda. Si tenemos suerte, puede que descubramos otra cosa interesante: el público objetivo.

La clave [mudarse a Tailandia] la buscan varios tipos de personas, y definimos al menos dos de ellas: alguien que está jubilada y alguien quiere cambiar de vida buscando trabajo en el extranjero. La clave es la misma y ambas personas buscan de la misma manera. Pero por dentro se sienten atraídas por dos cosas totalmente diferentes. Una persona que quiere mudarse a un lugar para ir a trabajar nunca clicará en un resultado que explica cómo ir allí como jubilado, porque la información necesaria para realizar la acción es diferente.

Profesión y ciudad

En Connect.gt es posible beneficiarse de ciertas clases de consultoría. La gente carga sus sitios, hace sus preguntas y alguien responde. Luego se aplican los consejos y todos juntos vemos los resultados. Yo personalmente he realizado miles de consultas de este tipo desde 2004. Recuerdo una para la búsqueda [psiquiatra en Roma]. La persona había creado un sitio precioso y muy innovador. Pero no podía superar al competidor que tenía un sitio desde 1995. El sitio del competidor era infumable. Lo abrías y no podías creer lo que veías. Pero el caso es que el competidor tenía excelentes referencias. Así pues, a primera vista, había una gran diferencia en la que pensar, pero también había otra cosa muy interesante. El sitio del competidor tenía un *banner* enorme con el número de teléfono inmediatamente visible desde el móvil, mientras que el sitio de la persona que había abierto la discusión tenía el teléfono oculto, para encontrarlo había que ir a buscarlo en una página específica. Aunque resulte increíble, solo con cambiar la visibilidad del teléfono se obtuvieron resultados muy relevantes a lo largo del tiempo. Detrás de una búsqueda siempre hay algo más.

Cubrir y acortar las sesiones de búsqueda

Podemos notar otra cosa evidente de la sesión de búsqueda: las personas se persuaden, llevan a cabo acciones específicas y medibles después de haber realizado distintas sesiones de búsqueda, cuando, de alguna manera, han obtenido respuestas a sus exigencias. Cuantas más respuestas obtengan, más rápido tomarán sus decisiones. Para ilustrar estos conceptos, utilizaré ejemplos que en esta ocasión me conciernen en primera persona.

Vengo de una larga serie de compras que he realizado recientemente. Aunque los ejemplos que voy a citar se refieren al mundo del comercio electrónico, los conceptos generales se aplican a todos los sectores.

Para comprar el Remarkable 2 (es una tableta de notas) no busqué en ningún lado. Me gusta mucho tomar notas en papel, pero en mi interior buscaba algo más práctico e integrado con lo que hago. El estímulo para la compra, en este caso, me lo proporcionó la cantidad de notas que había empezado a tomar. Hacía tiempo que había visto un anuncio que me llamó la atención. No compré nada enseguida, esperé y mientras tanto probé el Rocketbook (cuaderno borrable), porque mi pareja me lo había comentado. En el Web Marketing Festival, fui a cenar con la pandilla de los Creator y Riccardo dal Ferro me dejó probar el Remarkable 2. Unos meses después, para mi cumpleaños, me lo compré. Sin pasar por Google ni por Amazon.

En cambio, para comprar un libro del que había oído hablar en una sesión en vivo de Twitch, abrí la aplicación móvil de Amazon y lo compré directamente.

Para comprar un reloj de *fitness*, usé solo la búsqueda de Amazon y sus clasificaciones y reseñas.

En cambio, para decidirme por los nuevos auriculares, busqué en Google [mejores auriculares 2022], [mejores auriculares 2022 por menos de 200 €], [diferencia entre X e Y], [reseñas de marca x]. También le pregunté a amigos que me enviaron enlaces de Amazon. Todo esto en varios días y en varias sesiones de búsqueda.

La cuestión es muy sencilla: o eres Remarkable o eres Amazon. Si estás en el medio, tu estrategia de contenidos marca la diferencia. Hoy un comercio electrónico que está en el medio no puede salir adelante si no tiene una estrategia de contenidos bien hecha. Las categorías y las fichas de productos no son suficientes. Hoy existe la necesidad de entender qué recursos producir para estar presente en cada fase importante del viaje de la persona, compuesto por varias sesiones de búsqueda.

La elección de mis auriculares duró 15 días solo porque en la primera sesión de búsqueda abierta con la frase [mejores auriculares 2022] no encontré un recurso adecuado para satisfacer mis necesidades y que me resultara sorprendente y tranquilizador. Me topaba siempre con artículos muy superficiales de blogueros que querían vender los productos que promocionaban. En este caso, si fuera un comercio electrónico, estudiaría todas las sesiones de búsqueda posibles y las cubriría desde un punto de vista de publicaciones, tratando de entender cómo satisfacer las diversas necesidades. Es bastante evidente que mis cuatro sesiones [mejores auriculares 2022], [mejores auriculares 2022 por menos de 200 €], [diferencia entre X e Y], [reseñas de marca x] requieren el desarrollo de una plataforma adecuada. La primera y la segunda búsqueda podrían cubrirse agregando un filtro de precios. La tercera con una herramienta que me permita comparar marcas y la cuarta con reseñas. Esto significa comenzar a cubrir y acortar las sesiones de búsqueda. Son cosas que se ven en algunas realidades, pero todavía hay demasiado automatismo y poca variedad de publicaciones. Dejando a un lado las excepciones, cuando aterrizamos en estos sitios tenemos la sensación de que son robots los que crean las páginas, porque no nos hacen sentir ninguna emoción.

Una de las formas de satisfacer con rapidez las necesidades de las personas y de llevarlas a la conversión facilitando un acceso directo a la compra (para quien tiene objetivos de negocio) , es ofrecer un motor de búsqueda interno.

El motor de búsqueda interno: el oro escondido

Eric Schmidt fue director general de Google desde 2001 a 2011. En el libro *The Google Story*[19] se cuenta cómo el fondo de inversión pidió a los fundadores Sergey Brin y Larry Page que confiaran la empresa a un gestor experimentado. Una de las primeras acciones tomadas fue analizar los datos de búsqueda y publicidad. En otras palabras, ¿en qué parte del mundo están usando Google? ¿Y desde dónde llega el dinero? Descubrieron que muchas de las búsquedas se hacían en Europa, por lo que comenzaron a abrir sucursales en el extranjero.

Muchas de las adquisiciones o innovaciones que ha introducido Google en esos años se deben a un exhaustivo análisis de lo que la gente buscaba. Para abreviar, ¿recordamos cómo nació Google Image?

Entrevistado años después, Schmidt dijo sobre su experiencia como director ejecutivo[20]: «El mayor error que cometí fue no anticipar el auge del fenómeno de las redes sociales». ¿Queréis saber por qué? Porque la gente busca a otras personas en las redes sociales y Google no tenía esos datos.

19. Vise D. A., Maalsed M., *The Google Story*, Delacorte PR, Nueva York 2005.
20. bit.ly/giorgio42.

Así que hemos de plantearnos una pregunta, o mejor dicho más de una: cuando navegamos por un sitio, ¿cuánto afecta el motor de búsqueda a la velocidad con la que encontramos lo que buscamos y, por tanto, a nuestra satisfacción? Si poseemos o administramos un sitio, ¿sabemos exactamente lo que nos estamos perdiendo si no contamos con un motor de búsqueda interno?

Muchas de las grandes empresas en la red lanzan nuevas funcionalidades porque la gente las pide, porque hacen análisis, porque realizan encuestas. No porque alguien se levanta una mañana con la idea correcta en la cabeza.

Si tenemos una página de comercio electrónico y notamos que el 50% de las personas que llegan a la categoría de zapatos buscan [zapatos amarillos], tal vez sea el caso de que los zapatos amarillos se presenten de forma destacada en la categoría. Si la búsqueda es [zapatos rojos] y no los tenemos, tal vez sea hora de empezar a venderlos.

Si tenemos un sitio dedicado a la promoción de nuestra región y muchos buscan un itinerario que no tenemos, tal vez sea hora de incorporarlo. Si muchos están buscando [qué hacer durante 2 horas en Roma] tal vez sea conveniente añadir una funcionalidad a nuestro sitio web.

Por lo tanto, la barra de búsqueda interna es obligatoria. Si hacemos SEO, no podemos hacer caso omiso a estos datos, porque representan un salvavidas increíble para las personas. Nuestros sitios web son todos diferentes entre sí: es como entrar en el dormitorio varias veces y descubrir que los calcetines están siempre en un cajón diferente. Supone un buen problema. Para esto, y agrego un concepto más, existen convenciones: es decir, por ejemplo, en el mundo occidental el logo siempre está en la esquina superior izquierda. Es una convención. La barra de búsqueda inmediatamente visible en la parte superior es una convención. En el libro *Don't Make Me Think*[21], de Steve Krug, entre las tres

21. Steve Krug, *No me hagas pensar. Una aproximación a la usabilidad en la Web y los móviles*, Anaya, Madrid, 2014.

consideraciones que hace una persona cuando llega a una página de inicio y quiere interactuar, encontramos:

- Aquí es donde tengo que empezar si quiero hacer una búsqueda.
- Si quiero echar un vistazo.
- Si quiero las mejores cosas.

¿Verdad que nosotros también nos hacemos estas preguntas? ¿Se nos ocurren otras? Bueno, si lo pensamos por un momento, detenerse en cuáles son nuestras propias necesidades cuando recurrimos a la búsqueda, cuando navegamos por internet o en un sitio como usuario, puede ayudarnos a construir nuestro plan de manera coherente con las necesidades de las personas.

En resumen, podemos concluir este razonamiento afirmando que la barra de búsqueda interna contiene información importante y que muchos pagarían un alto precio por obtenerla. Y para obtenerla recurren a un montón de acciones externas, sin saber que el oro escondido ya existe y está en el propio sitio, precisamente porque es ahí donde van nuestros clientes.

La SERP es líquida

El Internet al que nos enfrentamos es realmente un nuevo Internet. Todo está más suelto y es más flexible, todo es más líquido. La página de resultados de búsqueda (Search Engine Result Page, SERP) se construye sobre la base de lo que estamos buscando, es líquida tanto en los contenidos como en la forma.

Liquidez en los contenidos

No, no digo que en los resultados de búsqueda encontremos otras cosas además de texto, ya hemos profundizado bastante en eso; lo que digo es que las SERP están empezando a ir más allá.

Por ejemplo, el anuncio de Google News en el que se comunica que brindará contenidos en múltiples idiomas se remonta al 4 de noviembre de 2019[22]. Lo hace citando a la BBC: «En el mundo, más de la mitad de las personas —las estimaciones señalan entre un 60% y un 75%— hablan al menos dos idiomas»[23].

No es raro, por ejemplo, abrir Google News o Google Discover en italiano y encontrar contenido en inglés. De YouTube ya ni hablamos: esa barrera, con las traducciones automáticas de textos y los subtítulos, prácticamente ya no existe. En un futuro muy breve, espero inyecciones de contenido en el segundo idioma preferido de cada uno de nosotros: con las capacidades de MUM, no deberíamos estar tan lejos de este avance, que será importante para todos nuestros recursos que han hecho gala de su prestigio.

Pero la liquidez no será solo por el idioma: el 15 de octubre de 2020, en el artículo sobre cómo la inteligencia artificial está mejorando Google[24], se anuncian los subtemas. Una pizca de serendipia para el SERP no viene mal. Imaginémonos que estamos buscando [equipamiento para hacer ejercicio en casa] —dice la gente de Google—, lo que encontraremos es que hay subtemas importantes, como ideas para espacios pequeños o equipos baratos. ¡Exacto! En los resultados de búsqueda también encontraremos eso que no estábamos buscando exactamente.

Una razón más por la que es importante pensar en la construcción de recursos de alta calidad: yo trato siempre de identificar y desarrollar muchos subtemas, y lo hago pensando también en lo que es la pertinencia. ¿Lo recordamos? En el segundo capítulo, combino estos dos conceptos en la construcción de un recurso.

Hay más recuadros de Google que nos permiten entender en qué dirección va y cómo todo resulta muy útil si aprendemos a observar bien lo que Google ofrece a sus usuarios. Veamos la figura 3.7.

22. Noticia en el blog oficial: bit.ly/giorgio43.
23. Artículo de la BBC: bit.ly/giorgio44-1.
24. Artículo de Google sobre IA: bit.ly/giorgio45.

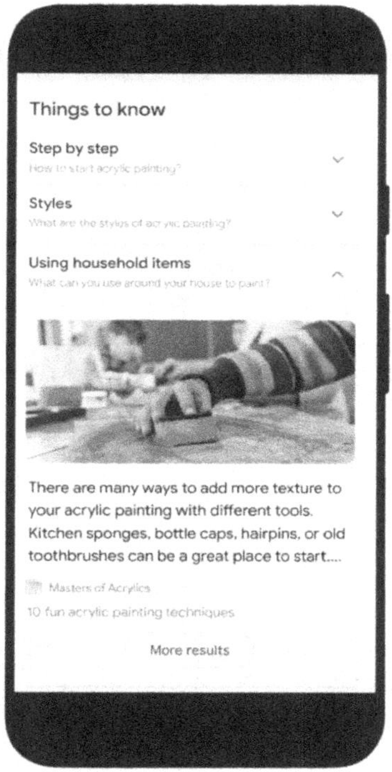

Figura 3.7 - El recuadro de «cosas que hay que saber».

Imaginemos que queremos decorar nuestro piso y estamos buscando [pinturas acrílicas]. Google sabe que existen algunas cosas importantes que hay que saber, así que las organiza, encuentra los mejores recursos para cada cosa que hay que saber y nos las enseña. Pero ¿y si nuestra búsqueda es demasiado general o específica? Veamos la figura 3.8.

Pues eso es: Google nos sugiere con algunos recuadros que efectuemos una búsqueda más específica (refine this search) o realizar una más genérica (broaden this search).

Y luego viene el recuadro: «Otras preguntas de los usuarios» (Figura 3.9), que nos demuestra cómo Google intenta guiarnos en la búsqueda, insertando más recuadros dentro de sus resultados que pueden conducirnos con más facilidad a la respuesta que buscábamos.

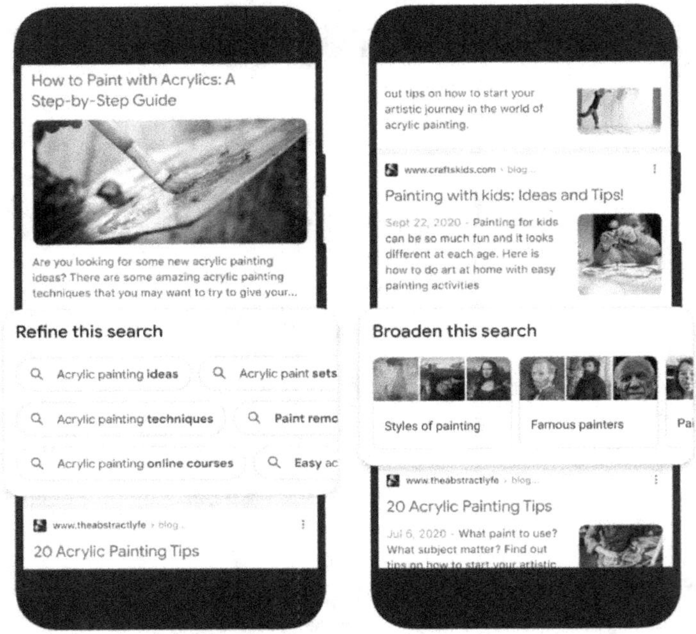

Figura 3.8 – Los recuadros con los que Google nos sugiere mejorar la búsqueda.

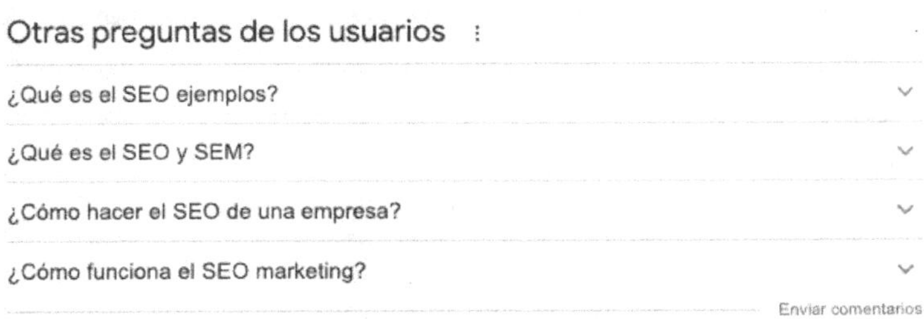

Figura 3.9 – El recuadro «Otras preguntas de los usuarios».

Liquidez en la forma

Lo de la forma daría para mucho.

El 29 de septiembre de 2021, en el artículo sobre cómo la inteligencia artificial está haciendo que la información sea más útil[25], se muestra la imagen que podemos ver en la figura 3.10.

Figura 3.10 - Imagen que muestra una búsqueda en Google, donde las imágenes tienen más relevancia.

En esta figura puede verse claramente cómo el único resultado de búsqueda tiene una imagen representativa muy grande: es una búsqueda más visual. Si en una búsqueda normal en el móvil podemos ver 4 o 5 resultados para cada pantalla, aquí vemos solo dos. Parece Google Discover, parece un medio social. Google utiliza este formulario cuando las imágenes son relevantes para la búsqueda que ha realizado la persona.

25. *How AI is making information more useful*, https://bit.ly/giorgio45.

En cambio, el 14 de octubre de 2021[26] se anunció el *scroll* infinito o desplazamiento continuo desde el móvil: en la práctica, al eliminar páginas, los resultados de búsqueda se convierten en un *feed* como una red social: al desplazarnos no vamos a la página dos, sino que se cargan otros resultados. Por fin podemos decir que estamos todos y todas en primera plana. Toda búsqueda merece una SERP específica

En la figura 3.11, podemos ver la SERP para [COVID-19]. Es importante señalar que los botones que se encuentran a la derecha, Resumen, Estadísticas, Síntomas, Pruebas, Noticias, Variantes, Tratamientos y Prevención, nos llevan a afinar mejor la búsqueda. No dejaré de decirlo: a medida que avanzamos, espero que todos los bulos de SEO sobre palabras clave desaparezcan de nuestra mente.

Figura 3.11 – La parte superior de la búsqueda [COVID-19] realizada desde el escritorio.

26. Anuncio oficial https://bit.ly/giorgio46.

Aquí hay un uso extenso de entidades, de investigaciones de personas en temas de inteligencia artificial, que nos demuestran cuánto debemos profundizar en un tema: o nos convertimos en la fuente de nuestro sector a través de recursos de calidad o desapareceremos de un momento a otro.

Haciendo un pequeño desplazamiento en la búsqueda, podemos ver tanto las estadísticas como la parte más textual y explicativa de la derecha, , como puede verse en la figura 3.12.

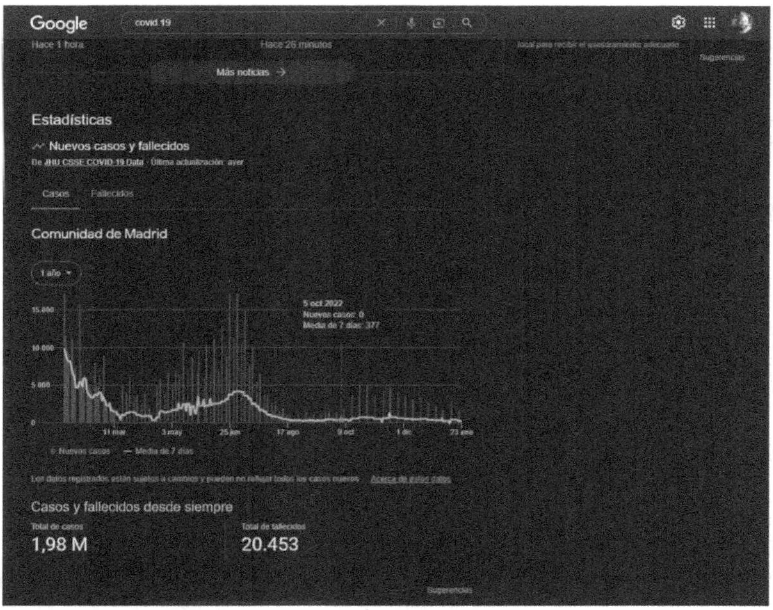

Figura 3.12 - Imagen que muestra una búsqueda en Google donde las estadísticas son predominantes.

Si pensamos que esto solo ocurre con búsquedas de este tipo, nos equivocaremos (no pongo premisas en un libro sin motivo). Y voy a demostrarlo a continuación.

Como podemos ver en la figura 3.13, la búsqueda [solsticio de verano] muestra, además de Resumen, también Vídeos y ofrece el atributo más importante de la entidad «solsticio de verano» (es decir, el día en que se produce), además de Otras preguntas de los usuarios.

Figura 3.13 - Imagen que muestra una búsqueda en Google, donde las imágenes tienen relevancia.

Y desplazándonos aún más hacia abajo (Figura 3.14), encontraremos estadísticas y vídeos, así como otras entidades relacionadas (solsticio de invierno, equinoccio de primavera).

Desafortunadamente, este Google líquido es impredecible, incontrolable. Lo es en los servicios que ofrece, en los contenidos, en la forma. Y lo cierto es que no es cuestión de perder el tiempo averiguando, a estas alturas, dónde poner las palabras clave.

Debemos abandonar estos conceptos y enfocar todo en crear grandes recursos que estén optimizados desde su raíz: listos para ser distribuidos en cualquier lugar, en cualquier forma y para cualquier dispositivo.

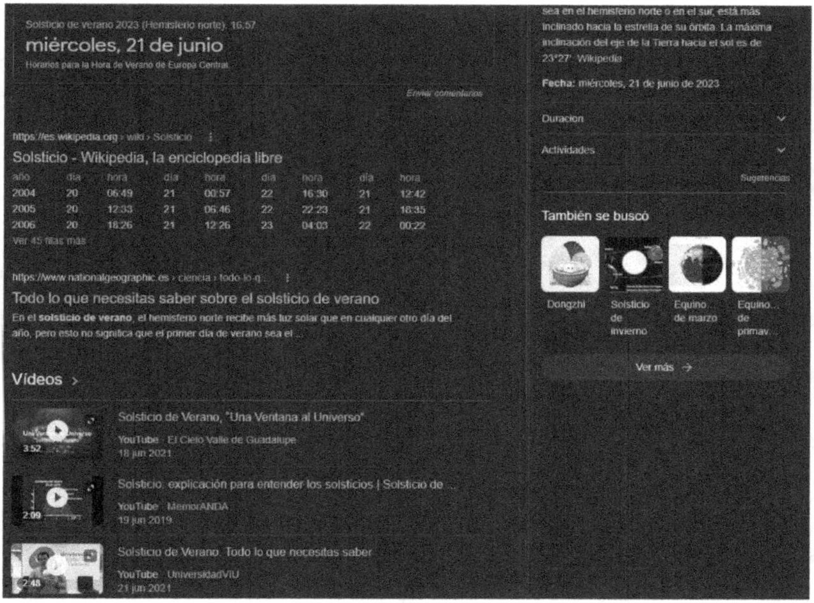

Figura 3.14 – Imagen que muestra una búsqueda en Google, donde las estadísticas y los vídeos tienen más relevancia.

4 Los frutos de la búsqueda: adiós contenido, bienvenidos recursos

La estrategia de las palabras clave

Al abordar el SEO, existen distintos modelos[1] que las personas utilizan para diseñar un plan estratégico que pueda aumentar la visibilidad a través de la creación de contenidos. La mayoría de estos modelos se basan en las claves para las que queremos ser visibles, otros en entidades, otros están empezando a tener en cuenta exclusivamente los recursos.

Para algunos proyectos, sin embargo, es obligatorio partir de las claves, y por ello se implementa lo que llamamos Keyword Strategy o estrategia de palabras clave: un plan operativo que pretende determinar las claves más interesantes, qué recursos producir y por qué.

Para llevar a cabo una buena estrategia de palabras clave, debemos comprender qué **acciones** queremos estimular en las personas, quiénes son estas **personas** y cuál es el **proceso** para lograr que realicen estas acciones.

En la figura 4.1, vemos un ejemplo del modelo Query First, que utiliza acciones, personas y procesos. He creado este modelo para orientarnos.

[GoPro Hero 2018: cómo funciona]
Público objetivo: nunca ha tenido una GoPro

Clave	Tipo de búsqueda	Qué hay	Mi contenido	Finalidad	Viaje del cliente	Objetivo y Seguimiento
GoPro Hero 2018: cómo funciona	Informativa	Manuales, Vídeos, Guías	Contenido simple y rápido	Dar un cuadro fácil en pocos minutos	Conoci miento	No vender, profundizar o dejar email

Figura 4.1 – Representación del modelo Query First.

Imaginemos que tenemos como cliente una página de comercio electrónico que necesita crear una estrategia de contenidos para respaldar su visibilidad. El objetivo genérico es una persona que nunca ha

1. Si bien existen modelos de referencia, es conveniente señalar que muchos modelos han sido ideados y difundidos por personas dedicadas a la consultoría que han divulgado sus hallazgos. Si nos decidiéramos a contarlos, sin duda serían más de cien.

tenido una GoPro. Después de hacer todos los análisis correctos y localizar muchas claves interesantes, elegimos una: [GoPro Hero 2018: cómo funciona].

Luego introducimos la clave en la columna de la izquierda, que se llama, en efecto, Clave. Completamos las siguientes columnas según lo que encontramos en los resultados de búsqueda de Google y cómo creemos que estamos actuando. Así pues, describamos lo que sucede.

En la columna inmediatamente después de Clave, tenemos Tipo de búsqueda y luego la columna Qué hay. Así que entro en Google, busco [GoPro Hero 2018: Cómo funciona] y veo que hay muchos manuales, vídeos y guías en los resultados. Sin duda, es una clave de las que definimos en el capítulo 2 con intención informativa (Know query). En este punto, teniendo en cuenta el objetivo, la visión de mis posibles competidores y el tipo de clave, empiezo a pergeñar mi contenido, que se convertirá en un recurso (columna 4): quiero hacer algo sencillo y rápido. El propósito del contenido (columna 5) me lo apunto, entre otras cosas porque de esta manera quedará claro lo que quiero hacer: dar uncuadro fácil en unos minutos. Por último, solo tengo que completar las dos últimas columnas: en qué fase del viaje del cliente se encuentra mi hipotética persona y qué rastreo y por qué.

Tenemos las tres cosas importantes para la estrategia de palabras clave: podemos ver las acciones en la columna Objetivo y Seguimiento, identificamos a las personas en el Objetivo y el proceso es la fase en la que se encuentran las personas, es decir, el Viaje del cliente.

Un trabajo de este tipo se puede hacer para muchas claves y para múltiples objetivos o personas. También puede orientarse a los negocios, por ejemplo, insertando los KPI apropiados[2].

Obviamente este método funciona bien para ese tipo de búsqueda, porque excluye cierta información y se concentra en otra. No existe un

2. Los KPI, acrónimo de Key Performance Indicators, son indicadores que reflejan los factores críticos de éxito para una organización, utilizados para medir los resultados alcanzados por la propia organización.

modelo adecuado para todas las necesidades, sino que existe un número finito de modelos: cada uno trabaja según parámetros muy diferentes, personaliza su trabajo en función del cliente, los objetivos y la temática y, en consecuencia, puede crear el modelo más adecuado para su proyecto.

Sin embargo, quiero mencionar algunos tipos de modelos que colocan otra información cerca de la clave:

- Orientados al negocio: se introducen valores económicos para entender qué claves son las más convenientes para lograr KPI específicos.
- Orientados a la visibilidad: se introducen volúmenes de tráfico de las claves para comprender cuáles aportarían más tráfico.
- Orientados al *funnel*[3]: se introducen las indicaciones de la fase en la que se encontraría el usuario en el momento en que busca esa información.
- Micro momentos: en lugar de necesidades del tipo intención, se introduce a qué micromomento se hace referencia.
- En entidades: se introduce información relativa a las entidades de las que forma parte la clave.

Pero esto es solo una pequeña selección. Además, es importante tener en cuenta que un recurso puede tener múltiples objetivos y que, en realidad, no existe una página web, por ejemplo, que funcione solo en una fase del viaje del cliente . La misma página puede ser utilizada en la fase de conocimiento por algunas personas y en la fase de compra por otras.

Sin tomar en consideración que el viaje de las personas hacia la compra es más confuso que nunca. En el fondo, el viaje del usuario no tan es lineal.

3. El embudo de conversión o funnel puede resumirse como el proceso a través del cual las empresas guían a los clientes en la compra de productos. Se encontrarán más detalles sobre el funnel en el siguiente apartado.

El messy middle

Unas páginas más atrás he hecho una de las declaraciones más importantes para cualquier persona que se ocupa de las ventas: mi elección de auriculares duró 15 días solo porque no encontré un recurso adecuado de inmediato. Y me invadió la confusión, metido en un recorrido que me llevó de la exploración a la evaluación del producto, metido en un bucle que duró precisamente dos semanas.

Este comportamiento es el de muchos consumidores, y confunde casi todos los planes de marketing, porque es impredecible. Parece un atasco: la confusión creada por no haber encontrado de inmediato un recurso que me satisfaga ha dado paso a un viaje que pone en crisis a quienes manejan las estrategias de publicaciones. Han aumentado las capacidades de los buscadores, ha aumentado el número y tamaño de los *marketplace*, ha aumentado el número de personas que escriben reseñas, tenemos más dispositivos: ¿quién dispone de una estrategia de contenidos que pueda tener en cuenta todo ello?

Por ello, Google ha intentado explicar qué está pasando con la creación de un nuevo modelo de marketing: el Messy Middle[4] (Figura 4.2).

El término no es fácil de traducir, pero, para entendernos, podríamos decir que es el caos que se halla en el medio, entre el estímulo y la compra. En la figura 4.2, la diferencia que trato de explicar salta a la vista de inmediato, incluso textualmente a quienes tienen dificultades con la vista. Tomemos, por ejemplo, un *funnel*: este tiene un modelo gráfico que se representa con un embudo en estratos. Consideremos un embudo de cuatro fases: Atracción (Awareness), Interés (Interest), Deseo (Desire) y Acción (Action). La etapa inicial se halla la parte superior del *funnel*-embudo es la más grande; luego, a medida que se desciende y se llega a la parte más baja, los estratos se representan con formas cada vez más pequeñas. Estos representan la cantidad de perso-

4. Comprender el «messy middle»: cómo las fases centrales del proceso de compra influyen en las decisiones finales de los compradores: https://bit.ly/giorgio47.

nas a las que llegamos: en la fase de conocimiento llegamos a más personas que en la fase de compra. La representación gráfica del messy middle se sitúa en un círculo, que es la fase de exposición a un estímulo (y cubre todo el modelo porque siempre estamos bajo exposición). Luego se produce el gatillo o disparador y a partir de ese momento hasta la compra no trazamos un camino lineal que pase del interés al deseo y luego a la compra. Pero desde el disparador hasta la compra terminamos en un bucle entre exploración de las posibilidades y evaluación de estas. Gráficamente, por lo tanto, para imaginarlo, es más fácil pensar en una maraña de cables: ¿tenemos presente cuándo se nos enreda el cable de los auriculares? Pues eso, podemos tocar el principio, podemos tocar el final, pero en el medio hay un caos.

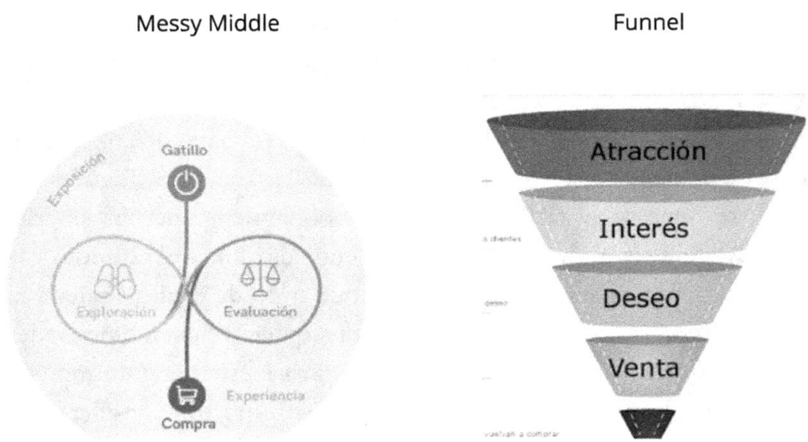

Figura 4.2 – El messy middle de un lado y el *funnel* del otro.

Es eso. Es un flujo caótico.

Pero me gustaría hacer otra consideración: fuera del círculo de la exposición está todo ese mundo inexplorado del que hablaba unas líneas atrás: ¿qué ocurre desde la nada más absoluta hasta el estímulo? Es cierto que siempre estamos expuestos, pero no siempre nace algo de una exposición directa.

Además, es importante tener en cuenta que no existe un método mejor que otro. En el *paper* de Google, de hecho, esto es algo que se explica. Y se plantea una historia cronológica de métodos que toman en consideración AIDA (1898), el Funnel (1924), el Momento de la Verdad (1986), el Viaje de la Decisión del Cliente (2009) y también el Momento Cero de la Verdad (2011). Es fácil comprender lo difícil que es enmarcar todo esto en una estrategia de palabras clave.

Independientemente del método que cada uno elija, una cosa es evidente a estas alturas: todo esto es un verdadero caos. A veces encuentro un producto de inmediato, a veces paso por muchas sesiones de búsqueda para poder encontrarlo. Y este razonamiento vale para todos los sectores.

También lo decíamos en el capítulo anterior: si hay una forma de intentar evitar el caos es acortando el recorrido que hace el usuario por la sesión de búsqueda. Hemos hablado del buscador interno, pero el recorrido puede acortarse por la información presente en los resultados de búsqueda o en los nuestros.

Otra forma es aprovechar ciertas búsquedas que Marco Quadrella ha llamado «multimodales» durante el Search Marketing Connect de 2021[5]), que dan una fuerte aceleración: encuadras con la cámara la caja de cambios de la bicicleta rota y le preguntas a Google [¿cómo lo arreglo?].

Google te remite a un fragmento de un vídeo de YouTube de una persona que te explica ese paso en concreto. Por lo tanto, nos saca del missy middle de la elección del contenido que hemos de ver. Este tipo de búsqueda fue oficializado por Google el 7 de abril de 2022[6]: las llamaron multisearch. Prefiero utilizar el término multimodal porque, como afir-

5. M. Quadrella, *Search Marketing Trends: Search non comincia a starvi stretto?* Presentado en el Search Marketing Connect 2021, Rimini el 4 de diciembre.
6. https://bit.ly/giorgio48.

ma el propio Quadrella, es un «término que quizá explique mejor la novedad y profundidad también desde el punto de vista tecnológico»[7].

Salir del messy middle

En pocas palabras, solo podemos sacar a una persona del messy middle con un excelente recurso.

Saldremos de esta fase confusa si conseguimos atraer a las personas a la fase de exploración y darles un gancho fuerte para la fase de evaluación. Y aquí llegamos al centro de este capítulo. En el libro electrónico que Google lanzó para messy middle[8], se describen varios análisis de las claves, y uno de ellos es la comparación entre el mejor (*best*) y el más económico (*cheap*), como se muestra en la figura 4.3.

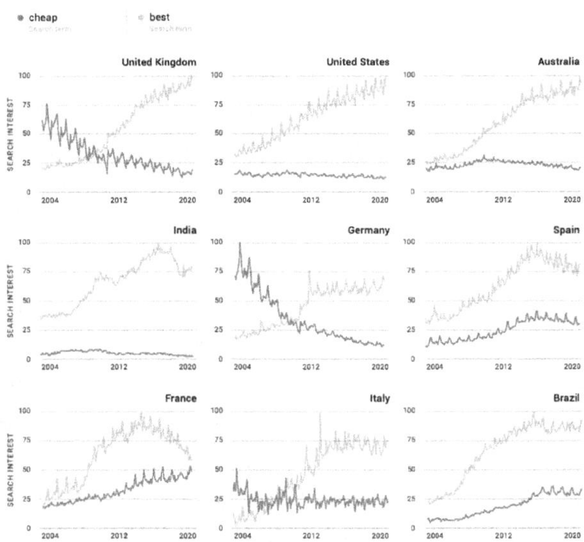

Figura 4.3 – Representación gráfica de las búsquedas mejores y más económicas localizadas en los distintos países.

7. https://bit.ly/giorgio49.
8. Libro electrónico descargable aquí: https://bit.ly/giorgio50.

Google nos dice que son dos claves importantes que se utilizan en varias etapas. De modo que podemos afirmar que el poder crear recursos adecuados podría permitirnos interceptar a las personas que están en la fase de exploración o evaluación e intentar sacarlas de la confusión con una compra.

Google nos dice que pensemos bien en las claves: por ejemplo, la palabra «económico» no está tan buscada como podríamos imaginar. Nación por nación es fácil ver cómo en algunas ha habido un adelantamiento mientras que en otras nunca se ha producido: la palabra «mejor» siempre ha prevalecido.

Pero cuidado: Google comete dos errores bastante zafios.

El primero es la afirmación de que la palabra «mejor» tiene gran variedad de interpretaciones con características como calidad, popularidad, etc., mientras que «económico» tiene un solo significado cuyo valor puede cambiar solo de una persona a otra. También la palabra «económico» tiene múltiples significados, según la industria. La búsqueda [coche económico] ciertamente ofrece la interpretación principal, que es la más común. Pero como estamos hablando de conveniencia, la interpretación de incentivos o del consumo también puede ser válida. Lo mismo ocurre con los animales. Inherente a la búsqueda [perro económico], además de la interpretación del coste inicial está también el de mantenimiento.

En definitiva, como dicen en Google y como es propio de la filosofía de nuestra empresa: «Search On: sigue buscando».

Pero vayamos al segundo error, más zafio que el primero. El término «mejor» no siempre gana. Hay categorías en las que la comparación no tiene sentido, otras categorías en las que ocurre lo contrario.

Veamos la figura 4.4, que demuestra que, en el sector inmobiliario, con razón, gana el término «económico».

Por lo tanto, siempre es importante estudiar los propios datos. Lo significativo, sin embargo, es tratar de entender lo que realmente quiere una persona que está buscando una determinada cosa, insertando palabras más descriptivas: porque una búsqueda ofrece grandes pistas intuitivas.

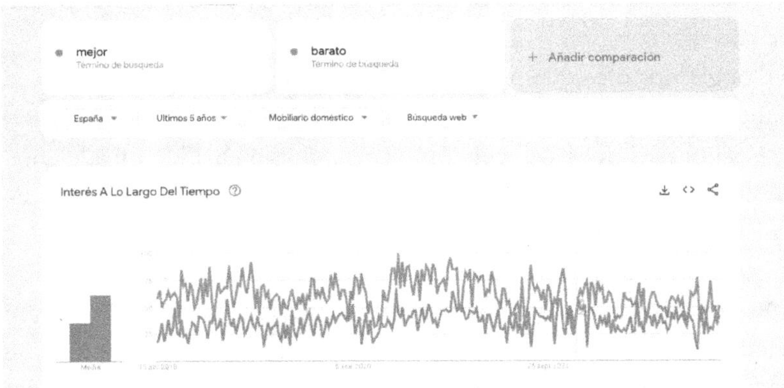

Figura 4.4 - Comparación de búsquedas «mejor» vs «barato» en el sector inmobiliario.

Quienes buscan [los mejores auriculares con cancelación de ruido] nos dan una señal clara. De nada sirve, desde mi punto de vista, realizar un repaso a los diez auriculares con los pros y los contras de cada uno para esa búsqueda. Para esa búsqueda has de decir cuál es la mejor. La revisión de los diez auriculares es fantástica, pero sirve para otra cosa. Si no está claro qué auriculares son los mejores, el artículo me confunde aún más. Así que hay que construirse una gran reputación y tomar una posición.

El libro electrónico de Google ofrece consejos para salir del messy middle. Una de las ideas es describir seis sesgos cognitivos que ayudan a las personas a elegir un producto en vez de otro:

- Categoría heurística (Category heuristics).
- Prestigio.
- Prueba social.
- Inmediatez.

- Escasez.
- Gratuidad.

Para saber más, recomiendo leer *Influencia. La psicología de la persuasión*[9] de Robert Cialdini, y actualizar la información posteriormente con las últimas publicaciones sobre el tema.

Las «categorías heurísticas», atajos que nos permiten tomar una decisión rápidamente, son muy interesantes. Cuando decidí comprar la Logitech Streamcam lo hice de inmediato porque buscaba una *webcam* que fuera compatible con el chip M1 Apple (lamentablemente tuve problemas con la Facecam Elgato).

Se trata de informaciones que nos permiten pensar menos, simplificando el proceso de toma de decisiones. Para algunos productos, razonar sobre qué clase de información es la que tiene un mayor impacto en una elección puede resultar una carta ganadora. Por desgracia, muchos piensan que estos conceptos solo se aplican en el mundo del comercio electrónico. Pues no. Todo es una elección. La elección de leer un artículo implica un proceso similar. Cierto, para algunas cosas elegimos partiendo de la base de la autoridad de quien escribe, para otros sobre la base de las microinformaciones que se hallan al principio y que nos permiten entender que aquí podemos profundizar en el tema.

En mi opinión, pensar en cómo sacar a una persona de un estado de confusión es quizá uno de los atajos más importantes para hacer SEO, Contenido, Redes sociales, etc.

Veamos ahora tres ejemplos de tres sectores diferentes.

Telefonía móvil

Entre los cientos de marcas y modelos de teléfonos móviles, nunca sabemos cuál comprar. Pero si tenemos pensado un presupuesto y una característica que no debe faltar (la mejor cámara trasera, por ejemplo),

9. R. Cialdini, *Influencia. La psicología de la persuasión*, Harper Collins, Milán, 2022.

entonces tengo el sitio adecuado: dxomark.com, que en la figura 4.5 muestra un ranking de los mejores móviles según las diversas características. Así es: ¡dxomark ha creado un índice propietario!

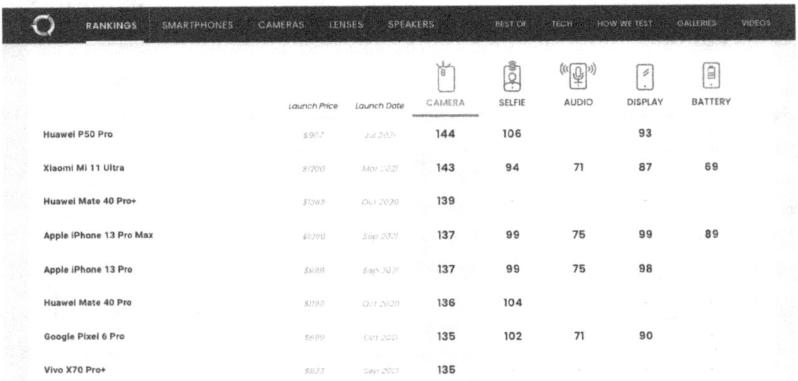

	Launch Price	Launch Date	CAMERA	SELFIE	AUDIO	DISPLAY	BATTERY
Huawei P50 Pro	$907	Jul 2021	144	106		93	
Xiaomi Mi 11 Ultra	$1200	Mar 2021	143	94	71	87	69
Huawei Mate 40 Pro+	$1363	Oct 2020	139				
Apple iPhone 13 Pro Max	$1099	Sep 2021	137	99	75	99	89
Apple iPhone 13 Pro	$999	Sep 2021	137	99	75	98	
Huawei Mate 40 Pro	$1199	Oct 2020	136	104			
Google Pixel 6 Pro	$899	Oct 2021	135	102	71	90	
Vivo X70 Pro+	$833	Sep 2021	135				

Figura 4.5 – Captura de pantalla de la página denominada Rankings, que puede encontrarse en el sitio web oficial, en la url: https://bit.ly/giorgio51.

Reputación, autoridad, competencia han permitido que dxomark se haya convertido en un referente en los últimos años, gracias a la creación de un recurso increíblemente útil.

Moda

¿Nos suena la armocromía? Es un término que ha pasado del mundo de la química al del arte: parece ser que fue el químico Michel Eugène Chevreul quien inició sus estudios sobre los colores, que luego llevó al mundo del arte Johannes Itten. Lo que nos interesa es el concepto principal: cada persona tiene una estación favorita con sus diferentes matices. Así que hay personas Invierno, Verano, Otoño, Primavera. Y para cada estación hay varios subgrupos: Absoluto, Profundo, Cool, Brillante. Entonces, por ejemplo, hay personas de Invierno Cool.

Bien. ¿Y qué? Aquí es donde la teoría (y, puedo asegurarlo, también la práctica) nos dice que hemos resuelto un gran problema: ¿por qué el rojo me queda bien a mí y a ti no? Así es, cada una de estas estaciones tiene su propia paleta de colores que resalta a la persona. Y así es muy fácil elegir no solo la ropa, sino también el maquillaje, el color del pelo, el esmalte de uñas.

Hay personas que van con sus paletas por las tiendas pidiendo jerséis o lápices de labios en ese tono. Hay personas que han solucionado el gran problema de los regalos para sus novias o novios. ¡No más errores, os lo advierto!

Pero eso no es todo, volvamos a nosotros: no más messy middle, no más confusión, no más compras a la velocidad de la luz. En la figura 4.6 muestro el sitio wemakeup.it, que selecciona los productos adecuados para la gente Invierno Cool y que también ofrece varias cajas con múltiples productos.

Figura 4.6 – Captura de pantalla de la selección de productos para personas Invierno Cool.

Doy las gracias a mi pareja Alessia por dejarme descubrir este mundo y salvarme de quedar mal con regalos que no son adecuados para sus destinatarios.

Pernos

Cuando buscábamos [pernos], en italiano [bulloni], en Google, durante más de 10 años a partir de 2003, aparecía en las primeras posiciones la página oppo.biz (hoy oppo.it). Era una página muy sencilla, cuyo éxito estaba dictado por las fichas de pernos en formato PDF, descargables de forma gratuita en el sitio. Estos PDF se compartían y enlazaban por todas partes. Una estrategia probablemente elegida por exigencias de los proveedores, pero aun así simple y efectiva. No hace falta una gran nave espacial para vuelos de una hora.

Hoy, sin embargo, el sitio ya no aparece porque después de su remodelación, Oppo cometió graves errores de SEO y, además, con los años, otro recurso superó a Wikipedia, Amazon y Leroy Merlin: gberardi.com, como se muestra en la figura 4.7.

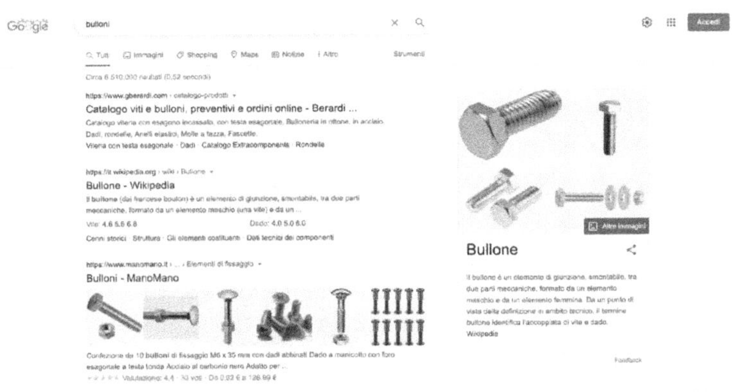

Figura 4.7 – Búsqueda en Google.it para la clave en italiano [bulloni], [pernos].

¡Nada menos que con el catálogo y no con la página de inicio! Un sueño. A ver, ¿cómo está hecho ese catálogo? En la figura 4.8 vemos la lista de productos en formato extendido. Parece algo a medio camino entre el comercio electrónico y un sitio de información.

Pero es en la figura 4.9 donde comprendemos el motivo de este éxito: al clicar en un perno, vemos una herramienta que puede encontrar fácilmente el que necesitamos.

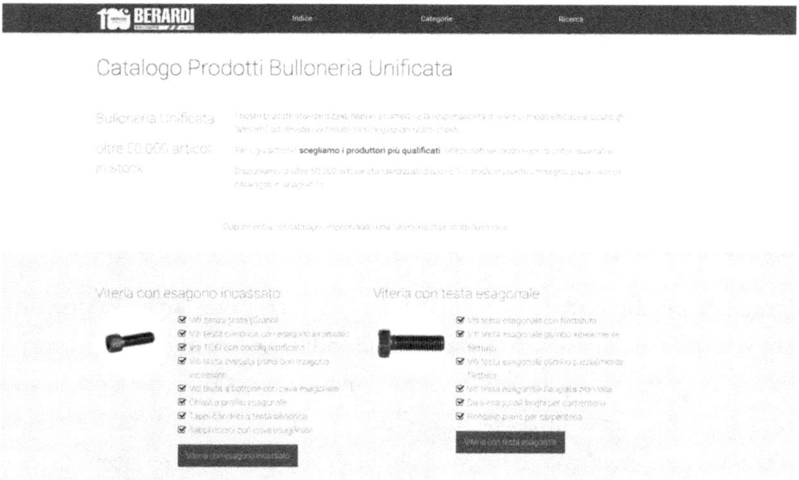

Figura 4.8 – La página principal del catálogo del sitio de productos de ferretería gberardi.com.

Figura 4.9 – La herramienta de selección de pernos, en este caso de cabeza hexagonal.

Si hubiera mostrado este ejemplo para un sitio de neumáticos de automóviles, hubiera sido fácil, porque esta experiencia de usuario ya es común en esos sectores. En sectores como el de los pernos aún no lo es, y es increíblemente útil para los proveedores: un recurso que ofrece una gran ayuda.

Ayudar a las personas a salir del messy middle nos permite comprender qué recurso desarrollar. Antes de dar el último adiós a los contenidos, intentemos entender cuáles son los conceptos importantes sobre la escritura y sobre el SEO.

Escritura para las personas: la negrita

Tienes la posibilidad de que Umberto Eco escriba un artículo por última vez. ¿Crees que te atreverías a darle indicaciones de escritura como «mete esa palabra aquí», «pon cursiva en ese otro sitio», «usa otro tono aquí»? Yo me sentiría como un idiota. Y, sinceramente, no entiendo cómo las personas que se ocupan del SEO son capaces de dar indicaciones tan precisas a quienes son escritores o escritoras profesionales, por ejemplo.

¡Umberto Eco no necesitaría ninguna sugerencia!

Veamos un pequeño ejemplo: la **negrita**. Usarla porque un algoritmo lo tiene en cuenta es un error: es una de las mejores herramientas que tenemos a nuestra disposición para reforzar visualmente los conceptos para los lectores. Google tiene en cuenta la negrita, como afirmó John Mueller el 12 de noviembre de 2021[10], pero no para ayudarnos a ganar posiciones. Por desgracia, muchos blogueros han publicado artículos dando a entender que así se produce un aumento en los resultados de búsqueda: John Mueller tuvo que especificar en un tweet escrito a propósito que no es así[11]. Refiriéndose a los lugares sensibles, dice

10. https://bit.ly/giorgio52.
11. https://bit.ly/giorgio53.

que no son cosas que te hagan avanzar en los resultados de búsqueda, pero son útiles para mejorar la comprensión.

Google utiliza cualquier texto para mejorar la comprensión de una página o un párrafo. Algunas zonas son más sensibles que otras. El título, los titulares, el etiquetado de datos estructurados, las tablas, las listas, las URL, las imágenes, la negrita y muchos más son partes de texto más sensibles. Pero en los artículos solo se menciona la negrita. Conviene redimensionar el conjunto.

Esta información se utiliza para dar una puntuación de Pertinencia que, recuerdo, se divide en dos fases:

1. encontrar las páginas claramente pertinentes;
2. encontrar las páginas más pertinentes entre las primeras seleccionadas.

Esta información es útil para asignar una puntuación a la primera etapa, porque el contenido pertinente es clave para la segunda etapa. En la primera fase sabemos que mencionar la clave muchas veces no sirve de nada, porque la puntuación no es acumulativa. Lo repito de nuevo aquí, y Matt Cutts lo afirma claramente: «La tercera vez que se menciona, la clave no resulta ya tan interesante». Esto significa que sí, que se usa la negrita, pero como probablemente sea una de las últimas ruedas del carro, no solo no es más importante que un <title> o un <h1>, sino que seguramente las palabras en negrita no tienen efecto porque ya ha sido usadas. Y, si lo tienen, es un efecto mínimo.

Tomemos la ficha de un comercio electrónico. ¿Qué ponemos en negrita? ¿El nombre del producto? ¡Pero si está en todas partes! ¿El precio? ¡Pero tienes el etiquetado de datos! ¿Productos relacionados? ¡Pero si ya hay páginas para eso!

Si nuestra visión consiste en usarlo para el SEO, lo estaremos usando innecesariamente también para la etapa de pertinencia. ¿O estamos diciendo que hemos mapeado todo tan bien como para realizar un trabajo minucioso sobre lo que se pone, dónde se pone y que sabemos con exactitud cómo estamos trabajando con las negritas? Es imposible, porque si hubiéramos hecho un trabajo semejante, le dedicaríamos a las palabras que hemos decidido poner en negrita una página, una sección, una tabla, una imagen, unos datos estructurados.

Con el acto práctico de emplear la negrita, no se sube en Google. Porque, si bien podríamos darle un pequeño peso a la negrita, sería en una fase donde de todos modos ya empezaría a pesar menos por sí misma. Son los contenidos relevantes, la calidad, la experiencia de usuario, la popularidad lo que desempeña un papel decisivo.

¿Qué sentido tiene poner negrita para el SEO si faltan los conceptos básicos de optimización? ¿De qué sirve volverse loco para mejorar una página en un 0,01% cuando hay muchas cosas que hacer? No estoy diciendo que no se usen las negritas, estoy diciendo que no se usen para el SEO y que no estropeemos, una vez más, los textos del sitio en una inútil persecución de un motor de búsqueda.

Lo repito de nuevo: solo para las personas. Usémoslas solo para las personas. ¿Se trata acaso de una afirmación extrema?

Si alguien me demuestra que ha tratado sus textos y páginas como joyas, pensando en necesidades, intenciones, emociones, contenidos pertinentes, experiencia de usuario, calidad, entonces quizá pueda aceptarlo. Pero si hemos trabajado tan bien:

¿qué sentido tiene de usar negrita para el SEO?

No estoy levantando la voz. ¡Es que me he atragantado con una negrita!

Porque la negrita es para las personas, la comunicación y la legibilidad, no para el SEO. Usarlo para el SEO sería perjudicial para todo lo demás. Si lo pensamos bien, en una página de ventas, por ejemplo, poner negrita para el SEO y no para personas significa ganar menos. En este caso, nuestro trabajo es vender, no insertar palabras en un texto.

La cantidad de minucias inútiles que hemos inyectado en la mente del escritor es definitivamente excesiva. Y en cambio hemos debilitado el poder de las palabras.

Dejemos que las personas escriban para las personas.

El bulo de la longitud de un contenido

Sí, tengo una misión. Tengo que destruir las cosas que a lo largo de los años han estropeado la belleza de la escritura y creado una mentalidad que ha hecho mucho daño en este sector. Hay personas que creen que están haciendo SEO porque un semáforo les muestra el color verde.

A una persona que sabe escribir hay que protegerla. Tenemos que aleccionar al SEO para que esa gente sea libre de escribir lo que quiera y para que no se sienta enjaulada, prisionera de reglas y reglitas. Odian el SEO porque se les ha enseñado mal. Sin embargo, cuando el estilo de escritura es reconocible, como la firma de un artista en su pintura, es una cuestión de SEO.

Ser reconocible es muy SEO.

Y además no es verdad que la gente no lee en Internet, es verdad que muchos artículos están mal escritos, son anónimos, son... ¡para buscadores! En cuanto me doy cuenta de que estoy ante el artículo clásico, con las palabras clásicas, de una noticia genérica de la que me basta con entender dos cosas de un todo un texto , ¡me aburro mortalmente! Por no hablar de los artículos en los que la respuesta está al final: a estas alturas Google los reconoce, y si estamos en Google Chrome, al pinchar en el motor de búsqueda nos envía directamente al final para leer la respuesta, sin pasar por todo el texto, que considera inútil.

Pero volvamos a nosotros. Cuando escucho la pregunta: «¿Qué longitud debe tener un contenido?», siento escalofríos.

Quienes hacen esta pregunta quieren una respuesta concreta para resolver su problema: 300 palabras, 400 palabras, 1200 palabras. Así se quedan tranquilos.

Pero ¿por qué lo quieren saber? No tienen que escribir para un periódico de papel, cuyas páginas tienen espacio limitado. Preguntémosles, la respuesta será: quiero saberlo para Google. Ahora viene la parte divertida. Nadie en el mundo puede probar que la extensión es un parámetro que Google tiene en cuenta: no hay manera de hacer pruebas, no hay patentes, no hay recuentos de palabras ni extensiones en ningún comunicado. Es una tontería alimentada por investigaciones sobre los factores de clasificación y complementos que nos dicen que nuestro artículo es demasiado corto.

Somos ocho mil millones de personas en el mundo[12] y cada día se realizan alrededor de siete mil millones de búsquedas[13]. El 15%[14] son búsquedas que nunca se han hecho antes, es decir, Google todavía tiene que entenderlas para mejorar la respuesta. ¿Alguien está diciendo que Google ha encontrado el número exacto de palabras para responder a la sed de conocimiento en esta tierra para cualquier clase de pregunta? Vayamos inmediatamente a otorgarle un Nobel. Es una afirmación ridícula, ¿o no?

Y no pensemos ni remotamente que para cada tema hay una extensión adecuada, porque no le conviene a nadie. Analizar miles de millones de búsquedas con diferentes intenciones y definir extensiones es absolutamente estúpido. En ninguna patente o declaración de Google con respecto a la satisfacción del usuario, se menciona nunca la extensión.

Para una misma palabra clave, una persona puede quedarse satisfecha con 100 palabras y otra exigirá 1.000. La satisfacción solo se puede medir después de que una persona haya accedido al contenido. Por supuesto, podemos estudiar lo que satisface a las personas y analizar documentos similares, pero no podemos dejar de seguir midiendo las secuelas: YouTube también usa la misma lógica. Su VP Engineering Cristos Goodrow lo explica bien respecto al vídeo[15]: «Una persona pue-

12. https://bit.ly/giorgio54.
13. https://bit.ly/giorgio55.
14. Las fuentes son muy variadas, esta cifra no se ha alterado desde hace años.
15. https://bit.ly/giorgio56.

de quedar satisfecha viendo incluso un pequeño fragmento de vídeo». Por esta razón, la duración de un vídeo no es un dato interesante. ¿Ha respondido alguna vez alguien a una encuesta de YouTube o de la Búsqueda de Google preguntando si está satisfecho? Yo sí.

Porque hay un tema importante: la atención es un valor. Cuando una persona está realmente atenta al contenido porque le interesa, se activa, realiza acciones, guarda la página, la comparte, comenta, escribe. ¿Podemos rastrearlos? ¿Podemos aumentarlos?

Pero vayamos a la respuesta a la pregunta.

Quizá se sorprenda el lector al oírme decir que la respuesta a esa pregunta existe y es la siguiente: un recurso debe ser lo suficientemente largo para satisfacer las necesidades de las personas. Y agradecemos a Mariachiara Marsella por habernos dado la palabra definitiva sobre el tema cuando lo traté[16]: exhaustividad. Así que podemos empezar correctamente a hablar de la exhaustividad de un recurso.

Es importante entender el concepto: no tiene que ver con la cantidad de palabras, sino con el hecho de que un tema debe abarcarse en su totalidad si pretendemos crear un recurso. Y, para abarcar bien un tema, podemos encargarnos de estudiar todas las entidades relacionadas de Google y todos los contenidos pertinentes. Es un estudio importante.

Lo cierto es que desde hace muchos años se ha vuelto imprescindible aspirar a ser la fuente de referencia de nuestro sector. No hay nada más importante: si deseamos posicionarnos en la biblioteca del mundo, creemos el mejor recurso de Internet en nuestro sector.

Y propongo algo aún más contracorriente: dado que con las redes sociales hemos aumentado la cantidad de cosas que producimos, llegando incluso a producir más de un contenido al día, hagamos lo contrario. Creemos un recurso de calidad realmente bien hecho, que pueda durar muchos años.

Cierro este apartado con otra provocación.

16. En el vídeo «Los que piensan en la longitud del contenido pueden cambiar de trabajo hoy mismo» publicado el 26 de noviembre de 2019; https://bit.ly/giorgio57

Sí, lo sé, hay un mercado muy cómodo, el mercado de las palabras, como yo lo llamo. Hoy en día resulta muy fácil comprar artículos a tanto el kilo, como se hace con la fruta. A veces es necesario: nuestro software de gestión para esa parte tiene un número de palabras que no conviene sobrepasar. De acuerdo. Pero cuando vamos con un blog, por ejemplo, ¿qué sentido tiene?

¿Estamos encargando únicamente texto? ¿Qué pasa con el contenido relevante? ¿Qué pasa con el concepto de convertirnos en la fuente de nuestro sector?

Sinceramente, cada vez le encuentro menos sentido. Apuntaría un poco más alto, porque el SEO funciona a largo plazo. El SEO son las provisiones para el invierno, y no me gustaría descubrir que solo he acumulado latas de atún para sobrevivir.

Desvinculémonos un poco del SEO al escribir

Voy a permitirme una provocación antes de profundizar en el concepto de recurso: si nuestra estrategia de contenidos está compuesta al 100% por indicaciones SEO, es decir, de creación de contenidos que respondan a una consulta, nuestros contenidos abarcarán cosas que ya se conocen en nuestro sector. Pero para convertirnos en la fuente de nuestro sector tenemos que publicar cosas que no se saben. No podemos seguir a nadie si queremos ser líderes.

Recordémoslo: la información que proporcionamos a Google queda fuera de nuestro control

Como una gota de agua que parte de la montaña, desciende por uno de los arroyos, confluye en un río hasta llegar al mar. Luego se evapora y empieza de nuevo su ciclo. Esta es la mayor revolución de Google en los últimos años: Google líquido.

Debemos publicar esa gota de agua que sube del mar al cielo y hacer que se descargue una tormenta de contenidos que inundarán nuestro mercado, asegurándonos de que nadie se dé cuenta. Y para cuando nuestro competidor se percate, será demasiado tarde. Y lo será también para Google. Resulta fundamental siempre hacer una buena búsqueda de las claves, especialmente cuando están relacionadas con el negocio, y crear recursos que respondan a las búsquedas, pero nuestra estrategia de contenidos no puede estar compuesta al 100% por eso. Entre otras cosas, porque Google está respondiendo a las preguntas de las personas directamente, de una manera cada vez más firme y precisa.

Siempre recomiendo partir del ABC: Autoridad, *Brand* (o Marca), Comunidad. Cuando hay una comunidad real, hay un conocimiento real del sector. Cuando hay un conocimiento real del sector, también hay una atención hacia las necesidades de las personas que forman parte de él. Cuando se llega a este punto, los contenidos, recursos y servicios que hemos de crear no solo pasan por el análisis de las necesidades de lo que ya existe (y por lo tanto se busca), sino que se basan en lo que aún no existe (y por lo tanto se buscará en el futuro).

Pensemos en lo imprescindible que es analizar las búsquedas internas de nuestro motor de búsqueda, porque puede haber cosas que aún no se busquen.

Pensemos en una sección de preguntas y respuestas.

Pensemos en los recursos.

Entre otras cosas porque, en todo este contexto —teniendo en cuenta que Google usa entidades y en el análisis de la pertinencia ya nos dimos cuenta de que las palabras clave sirven de poco, que la SERP es líquida, que existen búsquedas multimodales— ¿de qué sirve hablar de contenidos simples? Despidámonos de los contenidos y demos la bienvenida a los recursos.

Qué se entiende por recurso

Y ahora llegamos al porqué de la importancia de usar el término recurso. Contenido significa para nosotros cualquier artículo, imagen o material que esté presente en la página. Recurso, en cambio [del latín *resur-*

gĕre «resurgir»][17], cualquier fuente o medio que sea útil para prestar ayuda, socorro, apoyo, sostén, especialmente en situaciones de necesidad, ya sean económicas o intelectuales. Recursos del ingenio, de la fantasía, de la imaginación, de la experiencia, del oficio.

Un artículo es un contenido, sin duda, pero puede no ser un recurso. Mientras que un recurso siempre es un contenido también, o varios contenidos.

Usar esta palabra es intelectualmente correcto: con un recurso satisfacemos la necesidad de una persona en su sesión de búsqueda y nos marcamos como meta convertirnos en el referente de nuestro sector. Las dos cosas van de la mano.

En el Google líquido no podemos prescindir de los recursos, no podemos seguir inundando nuestro sitio con contenidos de poco valor. Cuanto más avancemos, más aumentará la calidad de lo que hacemos, más difícil será entrar en un mercado.

¿Por qué digo esto? Porque viendo cómo funciona Google hoy en día, debemos sopesar realmente el hecho de que en nuestro proyecto es esencial tener al menos un gran recurso. Además, podemos tener muchos otros contenidos, incluso de menor valor, producidos por miles de millones de razones. Pero siempre será necesario un recurso por lo menos.

Podría ponerme extremista y decir que podemos publicar un contenido al día solo si tenemos un gran recurso al año.

Pondré un ejemplo. Tenemos un blog que usamos para apoyar nuestro proyecto. Publicamos un artículo al día o un artículo a la semana. Hablamos de noticias locales o de un comercio electrónico con lanzamientos semanales de productos. Al crear solo contenido de este tipo, es difícil obtener enlaces de otros sitios para noticias, suscripciones al boletín para mantenerse actualizados u otros. Pero si combinamos nuestro blog con una guía en PDF de lugares desconocidos a los que ir o algo absolutamente increíble para nuestro específico producto, las cosas cambian.

17. Definición tomada de Oxford Languages: https://bit.ly/giorgio58.

En el marketing de contenidos explicado por YouTube[18], existen tres tipos de contenido: Help, Hub y Hero. El contenido Help es lo que producimos a menudo, es simple y rápido: activa una pequeña parte de nuestra comunidad y atrae a algunos suscriptores nuevos. El contenido Hub es más raro, pero llega a muchos miembros de nuestra comunidad y atrae a una buena cantidad de suscriptores. El Hero es un auténtico estallido. Eso es: en el ejemplo anterior, una noticia es un contenido Help, un libro electrónico es un Hub Content. Un Hero Content podría ser una macroencuesta. Y si escuchamos atentamente a quienes hacen el trabajo de creadores, podremos apreciar que sin un Hero Content al año los números bajan.

El marketing de contenidos y el SEO van de la mano. Tener un recurso nos permite apoyar todo lo demás, para intentar convertirnos en un punto de referencia. En definitiva, permite muchas cosas.

Llevándolo al extremo: ¿no es un recurso *Veleno,* el podcast de Pablo Trincia en el periódico *Repubblica*? ¿Cuántos años puede durar un recurso así? Muchos.

Pensémoslo: ¿qué falta en el sector del que nos ocupamos? ¿Qué podríamos hacer para poder crear algo inolvidable? Un equipo que razone así no pensará seguramente la próxima vez en cuántas palabras debe tener un artículo, sino que se preguntará: «¿Qué otro recurso puedo crear para marcar la diferencia?».

No hace falta asustarnos: a veces necesitamos una gran nave espacial, a veces basta con atender las necesidades de las personas, como en el caso de la armocromía.

¿En qué consiste la multidimensionalidad de un recurso?

Vivimos en unos tiempos en los que muchos gurús del marketing no solo siguen diciendo «un vídeo al día», sino que también siguen afir-

18. https://bit.ly/giorgio59.

mando «toma ese contenido y compártelo sin cambios en todas las redes sociales». Esto sucede debido a un sesgo de confirmación: este tipo de modalidad de creación y distribución de contenidos funciona para algunos proyectos, y cuanto mayor sean los números, mejor funciona. Además, puede funcionar en algunos sectores, como por ejemplo el de los tutoriales, donde si empiezas de cero necesitas llenar tu sitio con estos recursos y solo podemos esperar que alguno de ellos funcione.

El problema de este planteamiento es que vamos hacia otro Internet, donde la calidad de los contenidos se eleva mucho y los usuarios son muy exigentes. Los contenidos deben personalizarse según el entorno en el que se alojan: no es una cuestión de forma, sino de lenguaje. Los vídeos cortos que están de moda no son vídeos largos que se trocean, son otra forma de expresarse.

La multidimensionalidad abraza esta filosofía. La calidad del contenido es muy alta y no podemos permitirnos producir contenido de menor calidad. Publiquemos menos, publiquemos mejor. De manera que nuestra prioridad debería ser alcanzar la calidad mínima alcanzable y entender a partir de ahí la cantidad de contenidos o recursos que somos capaces de producir.

Un recurso multidimensional es algo estratégicamente diseñado para abarcar múltiples dimensiones y está optimizado en origen para todas las dimensiones en las que esté alojado.

Pongamos algunos ejemplos.

Noticias multidimensionales de calidad

La pregunta que debemos hacernos en relación con Google líquido y todos los ecosistemas es: «¿A qué entornos puede ir a parar este recurso nuestro?».

Tomemos el ejemplo de determinada tipología de recurso, las noticias.

¿Dónde puede terminar una noticia?

- En distintas propiedades: Búsqueda de Google, YouTube y Google Discover.
- En las subpropiedades: en Google Search tenemos Google Images (si tiene imágenes), Google Vídeo (si tiene vídeos), Google News, Google Podcasts (si tiene podcast, pero Google está leyendo las noticias con inteligencia artificial).
- En recuadros específicos: por ejemplo, en Google Search tenemos el recuadro Top News.
- En servicios especializados: Google Showcase[19], que se integra en Search, Discover, News.

En YouTube, por ejemplo, las cabeceras periodísticas tienen mayor relevancia si tienen recuadros dedicados a sus vídeos y una zona de tendencias especialmente diseñada para ellos. Para las noticias principales, resulta realmente imposible no producir un vídeo también.

El recuadro Showcase tiene una distribución increíble. Veamos la figura 4.10. El recuadro dedicado a esta particular novedad es el doble de grande que los normales y en los teléfonos móviles cubre casi toda la pantalla. Tiene una tasa de clics muy alta y genera mucho tráfico.

He dado dos ejemplos importantes de visibilidad, que obviamente no son buenos para todo el mundo, porque en Showcase solo se puede entrar a través de acuerdos con Google. Sin embargo, quería mostrar que puede haber un enorme potencial detrás de las noticias importantes. La pregunta sigue siendo: «¿Cómo crear y optimizar noticias multidimensionales?». Tomemos el ejemplo del final de una temporada de una serie de televisión, *Squid Game*. Es un momento importante, por lo que decidimos que nuestra noticia también tendrá un vídeo. No lo hacemos demasiado complicado: incluimos el texto de la reseña, la imagen del artículo y el vídeo, que acabará en nuestro canal de YouTube.

19. Proyecto de Google creado para apoyar y dar visibilidad a los periódicos que lo merecen. Se lanzó a finales de 2020 y podemos encontrarlo aquí: https://bit.ly/giorgio60.

Figura 4.10 – La pestaña Showcase dentro de Google News.

Obviamente necesitamos estudiar dos cosas (recomiendo a todo el mundo elaborar su propio documento de conocimiento sobre el tema):

- desde un punto de vista estratégico: el tipo de contenido que se desarrollará para el entorno en el que se distribuirá;
- desde un punto de vista técnico: cuáles son las optimizaciones exigibles para cada entorno.

En cuanto a la presencia del texto y de la imagen, será importante tener en cuenta que el artículo podría acabar en Google Discover. En este entorno no basta con que el título hable claramente de reseñas y de la serie de televisión, sino que también debe despertar la curiosidad.

La diferencia entre Search y Discover es que la primera es una actividad *Pull*, es decir, donde el usuario tiene una necesidad y el resultado de la búsqueda debe satisfacerla, mientras que la segunda es *Push*: el usuario no busca, la necesidad debe ser inducida. Combinar estas dos cosas no es fácil, pero pensar en nuestro artículo solo para la Búsqueda significa no abrazar la multidimensionalidad, significa no entender el Google líquido. Pero ahora viene lo bueno: la imagen. Si en años pasados nos hemos conformado con una imagen cualquiera representativa del artículo, ahora se hace aconsejable que las imágenes sean elegidas por personas que conocen el lenguaje de la fotografía. La imagen ya no es algo asociado, sino que es el artículo en sí.

La imagen, junto al título, supone hoy para algunos recursos el elemento que decreta el éxito o fracaso de lo que hemos producido.

En cuanto a YouTube, donde el éxito está influenciado por la miniatura y el título del vídeo, podemos decir lo mismo respecto al SEO hoy en día. No solo porque en Discover tenemos una representación diferente de los contenidos, sino también porque, como vimos en la sección dedicada a la SERP líquida, estamos empezando a ver que algunos resultados de búsqueda se parecen cada vez más a Discover y a los feeds de las redes sociales. Así que, ¿qué tiene eso que ver? Veamos la figura 4.11. Las imágenes en Google Discover no son un corolario. Lo son todo. Nuestro cerebro mira primero la imagen, si se siente atraído por ella, y entonces lee. Por lo tanto, hay un par de reglas muy importantes que podemos deducir de años de experiencia en YouTube:

- la imagen debe ser clara, la persona debe estar claramente destacado. En el ejemplo de la figura 4.11, la primera imagen tiene un fuerte contraste de la persona dado por los colores; la segunda, por el desenfoque del fondo;

Figura 4.11 - Dos noticias dentro de Google Discover.

- es mejor que no haya texto en las imágenes: esto lo digo por experiencia. Cuando hay texto en la imagen, la persona procesa la imagen, el texto de la imagen y el título. El problema es que, si no hay coherencia entre texto, imagen y título, la persona se confunde. Si necesitamos publicar un texto que sea representativo del título, estudiemos el ejemplo de la figura 4.12.

Figura 4.12 - Resultado de búsqueda de un vídeo del youtuber y cómico italiano YoTobi en YouTube.

Una búsqueda en Google será suficiente para profundizar en todo el tema de las imágenes y de los clics.

El mismo razonamiento puede aplicarse al título: un texto que esté demasiado orientado a las palabras clave y poco a la persuasión no puede funcionar en Discover.

Con un título que también está pensado para despertar la curiosidad, y por tanto en una óptica Search + Discover, y la imagen que se convierte en el eje central de la comunicación, hemos abordado la primera parte de la noticia multidimensional. Nos falta el vídeo de YouTube. Obviamente, este no es un manual técnico y, como ya he repetido, mi objetivo no es aclarar cada detalle. Además, nunca terminaríamos de explicar todas las optimizaciones que hay que hacer para todos los entornos en los que puede ir a parar una noticia.

Nuestro vídeo, sin embargo, merece una mención particular. Hemos hecho la reseña de *Squid Game*, hemos encontrado el título y la mejor imagen. Ahora queremos hacer un vídeo. Lo más sencillo consiste en hacer la reseña en vídeo. Resulta posible si nuestro canal de YouTube se compone de reseñas y lo hemos configurado de esta manera. Pero si queremos abrazar la multidimensionalidad, tendríamos que experimentar el entorno en el que se distribuirá el recurso. Al vivirlo, conoceremos los idiomas y las temáticas de la comunidad, y descubriremos que, en lo que respecta a *Squid Game*, no son los vídeos de reseña los que se aprecian, sino quienes nos descubren todas las cosas de las que la gente no se ha dado cuenta en la serie.

Esa es la razón por la que las colaboraciones entre creadores y empresas están en auge. Es imposible estar detrás de todo, o producir recursos de calidad en todas partes. O se experimentan los entornos en los que se quiere entrar o es complejo tener visibilidad orgánica. Siempre se puede recurrir al *paid*, lo que, en cualquier caso, si hemos producido un gran recurso, siempre recomiendo. Pero cuando decidamos invertir realmente en actividades orgánicas en un entorno de medios sociales, es esencial experimentar ese entorno de primera mano, de lo contrario, tiene poco sentido estar allí.

Eso es un recurso multidimensional. Que ha de diseñarse desde su origen estratégica y técnicamente para los entornos en los que se distribuye. Y así es como puede inundar el Google líquido.

Otros ejemplos de recursos multidimensionales de calidad

Hemos tocado algunos puntos estratégicos y técnicos. No me detendré en otros aspectos técnicos por las razones ya mencionadas. Debemos saber, sin embargo, que es importante ofrecer a los ecosistemas datos que sean coherentes entre sí. Así pues, cuando abordemos estas cuestiones, marca mucho la diferencia atender bien a los datos estructurados a través de schema.org, el feed, el mapa del sitio y las imágenes, que deben verse correctamente en todas partes (¿cómo se ven en las pantallas de retina?). La optimización técnica es importante, al igual que el rendimiento del sitio en términos de prestaciones, experiencia de usuario y core web vitals. Pero poco tendremos que optimizar si nuestro proyecto carece de recursos valiosos. Para eso quiero plantear otros ejemplos.

Divulgación y formación

Alessandro De Concini divulga, da clases y es emprendedor digital. Tenía un enfoque que podemos reconocer en mucha gente: muchos años de siembra difundiendo recursos gratuitos en Internet y solo después de mucho esfuerzo empezó a arrancar. Empezó en YouTube, con vídeos. Luego los complementó con su sitio, y allí comenzó a crear recursos adicionales y luego a vender sus productos. Muchos de sus clientes potenciales provienen de los recursos que tiene en el sitio, muchos directamente de YouTube. Tiene una tasa de conversión del 2%, aperturas de *newsletter* del 25% y más de 100.000 suscriptores al canal de YouTube. Tuve una conversación con él porque planeaba hablar de eso aquí y quería asegurarme de haber encontrado a la persona adecuada. No a un técnico, sino alguien que hubiera hecho las cosas bien porque lo impulsaba la pasión por compartir.

Su proyecto está bien estructurado y es un pequeño ejemplo para muchos. Tiene un canal, un blog, cursos en vídeo y recursos gratuitos. Sus vídeos están diseñados al detalle. Son productos en sí mismos. Los miras uno tras otro. Y, lo más importante, están directamente vinculados al sitio y al proyecto.

Su proyecto tiene Help, Hub y Hero Content. Los contenidos divulgan correctamente los valores de su marca, sus enseñanzas no están creadas para hacernos aprobar un examen, sino para crear cultura. Hay secciones diseñadas específicamente para esto. Hay contenidos claramente de Help y claramente de Hub. Y luego están los Hero Content, que son recursos gratuitos que no tienen nada que envidiar a los libros.

Sus recursos son multidimensionales.

Llegó a ello con el paso del tiempo. Al principio, en su blog, no hacía otra cosa más que incrustar vídeos. Luego introdujo la transcripción. Hasta aquí, nada excepcional. Sus recursos se convirtieron en multidimensionales cuando se dio cuenta de que la gente también seguía sus vídeos para entretenerse, mientras leían el texto para aprender. Así que sus artículos dedicados a sus vídeos no se quedaron en una simple traducción (algunas cosas en un vídeo causan vergüenza ajena en un texto), sino que se transformaron en una adaptación con material extra, como gráficos y diagramas. Entre otras cosas, porque me dijo que había visto que en los resultados de búsqueda aparecía el texto, además del vídeo, y para él eran diferentes a la descripción de YouTube o a la transcripción.

Eso es un buen ejemplo de atención a los detalles.

En LinkedIn, empezó a compartir y transformar las cosas de una manera más profesional, para un público ligeramente diferente. Todos sus vídeos tienen guion[20], lo que le permite transformar y escalar su trabajo. Hoy se encuentra con un archivo de cientos de vídeos ya «guionizados».

Y lo más importante, cada uno de sus recursos tiene un propósito. Pronto veremos por qué esto es fundamental para definir la calidad de un recurso.

El suyo, en la práctica, es un método. Tardó tres años en independizarse y ahora me ha dicho que se lo está enseñando a un amigo suyo y que a este solo le han hecho falta seis meses, porque disfrutó de un acelerador, Alessandro, quien entendió el ecosistema de Google por su pasión por las personas a las que quiere ayudar y por su trabajo.

Investigación

Los podcasts son una herramienta increíble. Si son de la más alta calidad, pueden marcar la diferencia. Uno de los podcasts que más me gustan es *Veleno*, de Pablo Trincia. Se trata de un recurso multidimensional. Podemos escucharlo, pero también podemos visitar el sitio web oficial para saber más: hay fotos, historias y vídeos inéditos[21]. Y, además, Amazon ha realizado una serie de televisión basado en el mismo. Lástima que no fuera el periódico *Repubblica*, en cuya web se aloja, el que lo hiciera directamente. Por más que la de Amazon no sea en realidad una conversión, sino una mezcla.

Representa, en cualquier caso, un ejemplo extremo. Escuchémoslo y mirémoslo con los ojos de hoy. ¿Cuántos años puede durar un recurso así?

20. El guion es todo el texto del vídeo: las palabras se han decidido de antemano y el vídeo aparece locutado.
21. Sitio web de `Veleno` https://bit.ly/giorgio61.

¿Estamos seguro de que la marca para la que trabajamos no puede invertir en crear un recurso que tenga el objetivo de convertirse en algo similar para su sector?

Si pienso en los contenidos que se han creado y que han salido del recurso *Veleno*, es bien cierto que podemos crear algo de lo que extraer publicaciones e interacciones todos los días.

Zonas de interés: la distribución de los recursos

Como vimos en la primera parte del libro sobre la SERP líquida, hay algunos recuadros que Google inserta en los resultados de búsqueda y que de alguna manera guían a las personas en sus profundizaciones. Otros, en cambio, que son una selección de los mejores recursos y que se muestran en las SERP.

Hay tres mundos interesantes que suelen ofrecer recuadros de estas selecciones. Mundo local, Noticias y Comercio Electrónico.

Acabar en una de estas zonas puede acarrear muchas ventajas. Si nuestro producto acaba en la casilla Productos Top, puede vender más, como en la parte Local/Turismo.

Una de las zonas más interesantes es el recuadro de Noticias destacadas. Cuando nuestras noticias terminan en este recuadro, reciben mucho tráfico. Nunca he entendido si ese recuadro se usa como una especie de prueba de valor. Sin embargo, he notado que cuando un artículo termina aquí, hay una alta probabilidad de que también termine en Google Discover. Puede ser casualidad, pero, por otro lado, si es una noticia importante, tendrá puntuaciones altas que harán que llegue a todos lados. Este recuadro es sin duda importante, junto con el dedicado a los últimos *tweets* y todos los dedicados a noticias.

Sea como fuere, Bill Slawski explicó un truco muy útil: estos recuadros tienen un Importance Score[22] que determina quién aparece antes que los demás.

22. https://bit.ly/giorgio62.

Los factores involucrados son:

- el número de artículos escritos sobre la historia;
- el tráfico sobre la historia a través de los clics;
- las señales sociales (veces compartido, interacciones);
- el que sea reciente o actualizado;
- la experiencia en el tema o zona geográfica;
- las citas de otros.

Más o menos estos son factores que siempre entran en juego cuando se trata de noticias. Y cuanto más sensible sea el tema, más gana el E-A-T[23]. Con todo, el interés por la historia medida por los medios sociales y el comportamiento de los usuarios en SERP es fundamental. Por imposible que resulte de medir y testear, le pedí a Andrea Pernici, dada su gran experiencia en el sector, su opinión. Y, de hecho, dice que tiene la sensación de que cuanto más interés hay en un tema, incluso en las redes sociales, más sabe Google sobre él.

El 16 de noviembre de 2021, firmado por Danny Sullivan, se publicó en el blog de Google un artículo titulado: «New tools and features to support local news»[24]. Entre estas noticias, se anunciaba otro recuadro específico, denominado Noticias Locales, como puede observarse en la figura 4.13. Cuanto más avanzamos, más preciso se está volviendo Google. Entre otras cosas, gracias a sus algoritmos que evalúan la calidad de un recurso.

La calidad para Google

Una pregunta para la que contamos con una respuesta desde hace más de diez años es: «¿Cómo se las apaña Google para calcular la calidad de un recurso?».

23. Acrónimo de competencia (Expertise), autoridad (Authoritativeness) y confiabilidad (Trustworthiness) que trataremos en el apartado "E-A-T".
24. https://bit.ly/giorgio63.

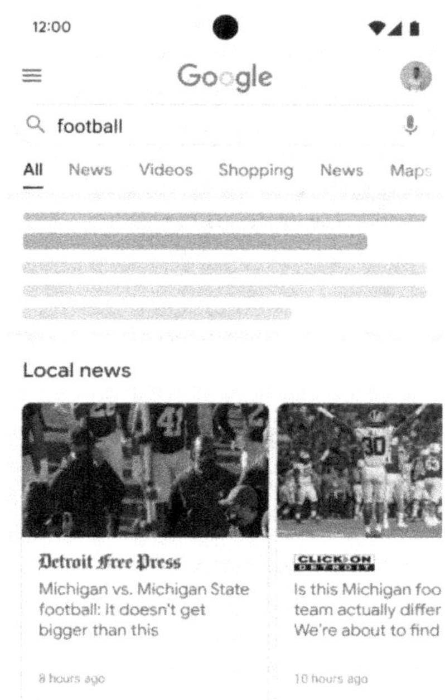

Figura 4.13 – Ejemplo oficial de Google.

Luisa Carrada, en su artículo «Las dos hermanas Calidad y Pertinencia»[25], en el que destaca la síntesis realizada por Jean-Marc Hardy[26] escribe:

«La calidad de una chuleta de cerdo radica en su frescura. Pero será irrelevante si se sirve en la cena a un amigo musulmán».

Se trata sin duda de una buena síntesis que podemos utilizar porque es muy efectiva en términos de divulgación y válida en muchos contextos, pero no en el de Google. Para Google no existe una cualidad que pueda medirse fácilmente (la frescura de la chuleta) ni una cualidad subjetiva (el amigo musulmán).

25. https://bit.ly/giorgio64.
26. https://bit.ly/giorgio65.

En lo que a Google respecta, la calidad tiene que ver con el propósito para el cual se creó una página, solo en estos términos es medible por los algoritmos y aprovechable en varias zonas de su ecosistema.

Lo sabemos porque está escrito negro sobre blanco en las pautas de Quality Rater, y esto hace que todas las personas que trabajan para Google estén de acuerdo. Cuando se pregunta cómo calcula Google la calidad, siempre se hace referencia a los conceptos expresados en las directrices Quality Rater[27]. Es una de las cosas seguras sobre el motor de búsqueda.

Ahora no entraremos en detalles sobre todos los términos y todos los mecanismos, pero abordaremos los conceptos importantes que debemos tener en cuenta para el ecosistema:

- Propósito y propósito benéfico.
- Contenido Principal y Contenido Secundario.
- E-A-T.

Propósito y propósito benéfico

Una página enciclopédica, en sí misma, no tiene mayor calidad que una página humorística. La calidad de una página humorística se mide en función de su propósito, que es el de hacer reír o entretener a la gente. Y su calidad puede ser igual a la de una página enciclopédica.

De modo que Google se encarga de entender cuál es el propósito de cada página: puede ser entretener, plantear preguntas, vender, mostrar

27. Es muy importante para nosotros entender el propósito de estas cifras: sus valoraciones no afectan directamente a las posiciones de los sitios. Es decir, si evalúan que en la búsqueda [perros] un resultado dado no va bien, esto no causa ningún daño directo al sitio. Los datos de retroalimentación de Quality Rater se utilizan en conjunto para comprender si los algoritmos de búsqueda están haciendo un buen trabajo. Luego se utilizan para mejorar los algoritmos. En particular, su trabajo actúa precisamente sobre los algoritmos de la calidad, refinando las evaluaciones automáticas que realizan, también en lo que respecta a la competencia, autoridad y confiabilidad de una página.

un vídeo, etcétera. Aunque podemos encontrar varios ejemplos en las pautas, no existe una lista finita de propósitos. Cada página debe tener un propósito.

Estos son propósitos simples. Sin embargo, hay un propósito superior, que se denomina «propósito benéfico». En la escala de calidad, la máxima calidad posible solo la obtienen las páginas en las que está presente el propósito benéfico. Las páginas con un propósito simple pueden obtener una calidad alta, pero no la más alta.

¿Qué es un propósito benéfico para Google? Es algo que ayuda a la persona de forma significativa: cuando la página resuelve definitivamente un dilema, por ejemplo. Desde mi punto de vista, se puede tomar como ejemplo una página que saca a la persona del messy middle. Cuando no sabemos qué neumático de coche comprar y esa herramienta nos lo dice; cuando no sabemos arreglar la palanca de cambios de la bicicleta y ese tutorial lo explica todo; cuando buscamos el pintalabios más adecuado y esa marca nos ofrece su instrumento de realidad aumentada para ayudarnos a elegir, pues bien, esos recursos tienen un propósito benéfico. Así que hagámonos la pregunta: ¿tenemos una página por lo menos con un propósito benéfico? Es evidente que no podemos tener millones de páginas como esta, pero algunas de ellas sí. ¿No es curioso lo bien que encaja la palabra «recurso» con la expresión «propósito benéfico»? Como si se dijera: los contenidos tienen un propósito, los recursos tienen un propósito benéfico.

Contenido principal y contenido secundario

Otra expresión fundamental para nuestra cultura en Google es Main Content, es decir, el contenido principal. En lo que respecta a un artículo de blog, el artículo en sí es el contenido principal. Todo lo demás, menús, pies de página, encabezados, son contenidos secundarios. ¿Por qué nos interesa esto? Porque Google dice que el propósito (o el propósito benéfico) debería lograrse en el contenido principal. Y eso debe ser inmediatamente visible sin que la persona se desplace por la página, por ejemplo.

Veamos cómo todo se vuelve muy simple y lógico: si hemos creado un vídeotutorial que explica con precisión cómo resolver un gran problema, en esa herramienta ya lo tenemos todo para estructurar nuestro recurso. La página que albergará el vídeo tiene el propósito preciso de mostrar el vídeo, por lo tanto, debe ser insertada en el contenido principal, al inicio del artículo. Si, además, el vídeo va a tener un propósito benéfico, mejor aún. Pero aquí no caben dudas: no podemos escribir miles de líneas de texto y luego poner el vídeo al final, porque sería un grave error no ponerlo bien al principio.

Esto también se aplica a la información más importante de nuestro artículo. Si bien ha habido muchas teorías diferentes sobre por qué y cómo poner información en la parte inferior para hacer que sucedan cosas asombrosas, no me demoraré tanto como lo hice en la sección de la escritura: se trata de otro bulo. La información debe colocarse en la parte superior. Inmediatamente. Si no tenemos nada más interesante que decir, mejor no decir cosas inútiles. Lo diré de nuevo: la gente no lee en Internet porque los artículos están mal escritos. Eso es todo.

Internet está tan lleno de artículos hechos de esta manera que Google nos la jugó a todos el 29 de abril de 2020[28]: cuando se efectúa una búsqueda en Chrome y la información que busca la persona no se encuentra al principio, al hacer clic Google nos envía directamente al texto donde encontrarás la respuesta y lo subraya con amarillo.

Planteo una hipótesis. Recordemos que cuando hablamos de la Experiencia Page dije que es importante no concentrarse en cosas individuales, sino en los cuatro principios generales. Y recordemos también que uno de estos cuatro es Molestias Personales. Pues eso, mi hipótesis es que esa práctica de engañar a la gente aguando el vino[29] podría con-

28. Video que muestra la funcionalidad: https://bit.ly/giorgio66.
29. En muchas ocasiones, los administradores de sitios suelen «aguar el vino» porque así pueden insertar más anuncios: si ofrecen la información de inmediato, no se llega al final. En los peores casos, los operadores del sitio insertan muchas páginas con poco texto para que se haga clic en la página siguiente y se muestre más publicidad.

vertirse en uno de los parámetros, para que Google, con MUM, sea capaz de hacer resúmenes y entender con cuánto líquido estamos aguando nuestro texto.

E-A-T

Todos los temas son iguales, pero algunos son más iguales que otros. Lo dijo George Orwell en *Rebelión en la granja*, Google lo dice sobre los temas. Hay algunas páginas y algunos temas a los que se debe prestar mucha atención. En pocas palabras, cuando se trata de salud, no podemos presentar un sitio que no sea digno de confianza. O, de igual forma, cuando se trata de seguridad, cuestiones legales, pero también de comercio electrónico. No es necesario enumerarlos todos, poco a poco Google está ampliando la tipología de sitios y temas en los que incluye páginas que son más iguales que otras.

Y estas páginas deben demostrar que contienen competencia (Expertise), autoridad (Authoritativeness) y confiabilidad (Trustworthiness), cuyo acrónimo es E-A-T. En estas páginas, estos parámetros son fundamentales porque, si están presentes, la calidad aumenta.

En las pautas de Quality Rater se entra en mayor detalle: ¿quién es responsable del sitio? ¿Quién escribió esa página específica? Claro que sí, porque como puede ocurrir en los sitios editoriales, el periodista o la periodista tienen una reputación diferente a la del editor. Es así, la reputación es importante. Y Google se lo especifica a sus Quality Raters: no busquéis lo que dice la persona en su propio sitio, id y leed lo que dice la gente en Internet sobre esa persona o esa marca. Es parecido a esa frase atribuida a Jeff Bezos, fundador de Amazon: «La marca personal es lo que la gente dice de ti cuando sales de la habitación». (No he encontrado la fuente original, si alguien la conoce, ¡que me escriba!)[30].

30. Mediante una búsqueda histórica en Google, encuentro que el primero a quien se le atribuye es Chris Ducker.

Desde mi punto de vista, una página de autor o autora debe ser tratada como una especie de biografía y no una simple descripción de la persona. Incluso introduciendo enlaces a recursos de calidad creados en otros lugares o a premios y reconocimientos obtenidos.

Sin embargo, hay tres cosas muy importantes que hay que saber:

- Un Quality Rater (humano) toma en consideración parámetros diferentes para evaluar E-A-T respecto a un algoritmo. Por eso, aunque el principio general sea idéntico, el motor de búsqueda utiliza parámetros distintos que no conocemos.
- Google habla de E-A-T no solo en la Búsqueda, sino también para Google Discover[31]. Una vez que hayamos montado un sistema de este tipo, ¿por qué no explotarlo? Es verdad, actualmente Google Discover está lleno de sitios de baja autoridad y con títulos que capturan clics prohibidos por las propias pautas, pero se podría escribir otro volumen sobre esto. Confiemos, de todas formas, en que Google mejore.
- La autoridad se aumenta con los enlaces: cuantos más enlaces recibamos de sitios importantes, más autoridad tendremos ante los ojos del motor de búsqueda.

Una nota sobre la información de las páginas de autor o autora. En nombre de Jen Granito, Senior Product Manager de Google Search, se publica un artículo titulado: «Learn more about the person behind the news article»[32]. Se nota cómo Google considera a cada persona una entidad y, en particular, que la persona que está detrás de la noticia tiene atributos específicos: su biografía, cuándo nació, qué ha estudiado y dónde, los artículos que ha escrito, los vídeos publicados, las demás personas buscadas. Lamento decirlo: Google tiene una página de nuestros autores mejor que la nuestra. ¿No es hora de intentar mejorar?

31. Pautas de Google Discover dedicadas a SEO y desarrolladores: https://bit.ly/giorgio67.
32. https://bit.ly/giorgio68.

La cantidad para Google

Aunque siempre hablamos de calidad, hemos de tener cuidado con no subestimar la cantidad. Antes de adentrarnos en las explicaciones más técnicas del capítulo 5, es importante saber que para algunos temas es necesario publicar una cierta cantidad de artículos escritos sobre un tema. No conocemos los detalles de estos funcionamientos de Google, pero hay varias partes en las que las personas mencionan o perciben la cantidad. Es más fácil entrar en el recuadro Noticias principales si se han escrito muchas noticias sobre un tema determinado. Lo mismo sucede en Google Discover. ¿Así que queremos hablar de E-A-T? ¿Cómo es posible que seamos competentes sin haber tratado ese tema muchas veces? (Sí, de acuerdo, es posible para los seres humanos, pero no para el software actual).

Simplemente quería enfatizar este tema antes de definir aún mejor qué es el SEO hoy en día, en el próximo capítulo.

5 La pratica del SEO

¿Qué es el SEO?

Voy a tratar ahora de resumir lo que he escrito hasta este momento, para poder dar luego un paso adelante.

Recuerdo varias conversaciones privadas y muchas intervenciones durante los eventos de Cesarino Morellato[1], quien ya desde 2008 venía promocionando las siglas DAO o Digital Asset Optimization. Cesarino decía que el SEO es esencialmente *pull*: es decir, responde a una búsqueda. Pero lo digital es también *push*, igual que lo es un anuncio. Y en otros tiempos quienes estaban involucrados en el SEO tuvieron que abrazar la optimización de todos los activos digitales, yendo incluso más lejos. Estoy seguro de que Cesarino estaría muy orgulloso de saber que nos ha legado una visión que nos ha permitido ver mejor lo que tenemos enfrente.

La evolución de estos años ha sido tan enorme como para ir más allá: ni siquiera es posible ya entender cuándo algo es *push* o *pull*. Es cierto que si buscamos algo en Google podemos llamar a esta actividad *pull*, pero cuando en los próximos días recibamos un artículo de Google Discover claramente no será *push*. Está influenciado por la actividad de búsqueda, pero también por las señales clásicas de SEO.

Hoy todo es más líquido.

Cuando hemos visto que al buscar [Rafa Nadal] (*pull*) Google nos muestra una campana para recibir notificaciones (*push*), ¿cómo podemos decir exactamente que es una de las dos cosas? ¿Y qué es eso? ¿Quién se encarga?

Los subtemas que vimos en la sección SERP líquido son algo más *push* que *pull*. ¿De qué SEO forman parte?

De hecho, pronostico que en los próximos años habrá cada vez menos personas cuyo trabajo se centre exclusivamente en los resultados de la búsqueda. Si el trabajo se orientara solo hacia esto, seguiría siendo válida la frase que acuñé hace muchos años para describir esta discipli-

1. Una presentación de 2009 de Cesarino Morellato: https://bit.ly/giorgio69.

na: «El SEO es una práctica de búsqueda que nos lleva a comprender cómo satisfacer las necesidades expresadas por las personas a través de una búsqueda».

El SEO, de Search Engine Optimization, se convierte en Search Ecosystem Optimization. Ese «a través de la búsqueda» se nos ha quedado corto y por ello, reformulándolo hoy, cambiaría la frase de la siguiente manera: «El SEO es una práctica de búsqueda que nos lleva a entender cómo satisfacer las necesidades expresadas por las personas en los ecosistemas que utilizan».

¿Qué necesidad quiere satisfacer la persona que ha realizado esa acción en particular? Ya sea una búsqueda, abrir Google Discover, ir a la sección Explorar de Maps, tiene siempre una necesidad que podemos interceptar.

Razones de la práctica de investigación

Empecé a hacer SEO en 2003 y nunca he visto un proyecto resistir mucho tiempo en las primeras posiciones sin satisfacer las necesidades de la gente. Los he visto resistir sin palabra clave en el título, sin enlaces, con un diseño gráfico deficiente, siendo incompatible con dispositivos móviles, sin texto. Pero nunca sin satisfacer una necesidad.

He aprendido que podemos incluso llegar primeros, pero si no podemos satisfacer las necesidades, tarde o temprano nos hundimos. Es una regla inmutable.

La esencia del SEO es el conocimiento de las necesidades de las personas: para poder entenderlas nos vemos obligados a una investigación continua e interminable. Por eso lo considero una práctica de investigación.

Y aun en la eventualidad de que hubiéramos logrado ser los primeros en Google y entender exactamente lo que la gente quiere cuando busca una determinada clave, ni en ese caso deberíamos dormir tranquilos. Estamos obligados a tomar medidas para monitorear si hay cambios tanto para las claves que ya conocemos como para las nuevas.

Una búsqueda puede cambiar de sentido con el tiempo, podrían surgir nuevas necesidades y nuevas claves. Siempre ha sido así. Pensemos en la búsqueda [teléfono móvil]: qué tipo de características buscaba la gente en 2004? ¿Y hoy?

La clave es la misma, pero todo lo que está debajo de la clave (las necesidades) cambia.

Nos vemos obligados a una constante investigación sobre lo que la gente realmente quiere.

Si no fuera así, Google no tendría que cambiar sus resultados de búsqueda con tanta frecuencia. Los resultados de búsqueda no cambian porque haya un nuevo sitio en la red, los resultados de búsqueda cambian para satisfacer las necesidades de las personas, que no son constantes en el tiempo. Esas sí que cambian rápidamente, esas sí que pueden cambiar por muchas razones, y dan lugar al nacimiento de servicios como Google Discover.

Hoy, nuestra práctica de investigación puede darse el lujo de comenzar desde un lugar que ya es rico en información: los resultados de búsqueda de Google. Estos no son más que el refinamiento constante de las necesidades de las personas, muchas veces después de años de estudio.

Si bien es cierto que «el 15% de las búsquedas que se realizan no se han hecho nunca»[2], también lo es que el 85%, por el contrario, ya han sido tecleadas.

Y en estas utiliza Google toda una serie de algoritmos que, gracias a la inteligencia artificial, evalúan el comportamiento de las personas con el fin de afinar los resultados. Observar los resultados de búsqueda o de una respuesta cualquiera de Google a una de nuestras necesidades es una de las prácticas más importantes.

2. Según una búsqueda de Google, declaración de Sunder Pichai ante el Congreso de EE. UU., 11 de diciembre de 2018, en una audiencia sobre la recopilación de datos. El 15% es también un dato que proporciona Google y, obviamente, cambia según el mercado, el tipo de clave, el país.

Convertirse en SEO

La mejor manera de aprender el SEO es practicarlo.

No hay libros que realmente puedan enseñarnos cómo hacerlo.

Hagamos una prueba, leamos el mejor libro del mundo sobre cómo tocar la guitarra. Luego empuñemos una e intentemos tocar *Mediterráneo* de Joan Manuel Serrat.

Yo empecé en 2003 usando este enfoque. Empecé a leer una guía pensando que estaba aprendiendo a hacer SEO: pero no era así.

Cualquiera que se acerque al SEO pensando que hay un cuadernillo de instrucciones que puede aplicar nunca aprenderá a hacer SEO, porque las instrucciones sirven para montar muebles de Ikea, no para el SEO.

Cuando el enfoque del asunto es algo parecido a «dime qué he de hacer en mi página, dónde poner las palabras», es mucho más fácil sentirse atraído por los que venden pociones mágicas.

Convertirse en un SEO requiere paciencia, confianza y práctica.

Cuando queremos aprender a tocar un instrumento, empezamos a practicar, pero somos muchos los dejamos de hacerlo porque no vemos resultados inmediatos; lo mismo sucede en el caso del SEO y de su aprendizaje.

Tenemos que ser pacientes. Y constato que la paciencia, hoy, es una virtud poco frecuente.

Cualquiera que quiera aprender a hacer SEO debe resignarse y comprender que le llevará años aprender de verdad este oficio. Y, en consecuencia, contará mucho la forma en la que sepa aprovechar este tiempo: el tiempo del aprendizaje.

Cuando doy clases en la universidad o en cursos Search On, lo digo inmediatamente en la apertura y en la descripción del curso. No es posible meterle mano a una página web pensando en hacer SEO después de unas horas de lecciones. No se convierte uno en SEO de esa manera.

Es el prejuicio sobre la materia lo que lleva a verla como una especie de crucigrama.

El tiempo de aprendizaje varía de persona a persona y el camino no es el mismo para todos: a veces damos saltos de entendimiento después de meses de trabajo.

Por eso es importante tener paciencia: nunca sabemos cuándo estamos a punto de dar el salto que nos llevará al siguiente paso. Pero quienes se ocupan habitualmente de crear cursos de formación conocen bien esos pasos. Y el curso siempre se crea con un propósito, como este libro.

El propósito es ofrecer una visión del mundo de Google, no un manual técnico, sino algo que podamos «llevar dentro» durante los próximos años. Unas lentes que usemos para ver mejor lo que está sucediendo. *Tecnica volat, visio manet.*

Cómo convertirse en SEO

En los primeros meses de aprendizaje debemos centrarnos en comprender qué tipo de aptitudes tenemos y, en consecuencia, apoyarnos en ellas. El SEO es tan complejo que hay muchas habilidades que aprender y muchas áreas de aplicación. Son tantas que existen figuras especializadas en cada una de ellas.

Pero restringiendo el campo simplemente a los sitios web y su visibilidad en Google, encontramos SEO especializados o especializadas en:

- Sectores: local, comercio electrónico, editorial.
- Zonas: Discover, Maps.
- Áreas de intervención: servidor-código, contenido-clave.
- Temas relacionados: analítica, UX.

Los SEO pueden ser muy competentes para optimizar el código, pero poco competentes para la búsqueda de palabras clave. La optimización puede requerir una especialización técnica que profundice en el conocimiento del código, de la programación, del servidor. La búsqueda de palabras clave puede requerir una especialización que profundice en el análisis del comportamiento del usuario en el sitio.

Las dos especializaciones siguen caminos diferentes con diferentes profesionales. Una misma persona puede adquirir ambas o no.

Y no solo eso: todas las especializaciones requieren mucha práctica y, a menudo, implican avanzar paso a paso. Quienes tienen la intención de convertirse en SEO tienen su propio punto de partida en su práctica que puede no incluir algunas especializaciones.

Lo que tenemos que hacer es intentar ser el mejor o la mejor SEO que podamos llegar a ser.

Pero la teoría no es suficiente, la pregunta correcta es: «¿Qué tipo de experiencia debo adquirir en los próximos meses? ¿En qué debo trabajar?».

De hecho, una vez que se haya completado un primer ciclo de estudio, lo lógico es intentar ponerse inmediatamente manos a la obra. De acuerdo. De hecho, siempre lo recomiendo. Sin embargo, sería importante tratar de entender qué se debe hacer para iniciar un recorrido adecuado y útil.

Para empezar, podríamos hacer nuestro propio esquema de T-Shaped skill o habilidades en forma de T.

Aprendí habilidades en forma de T de Alessandro Martin hace muchos años en Search Marketing Connect[3]. Quienes quieran convertirse en SEO con una orientación técnica pueden crear una T en la que coloquen en la parte vertical todas las cosas técnicas que han de aprenderse, pero la mayor parte de la evolución se hace colocando en horizontal el resto de aspectos en los que se debe profundizar y que son afines (Content Marketing, Analytics, UX). De esta forma, seguramente tendrán que entrar en contacto con diversos profesionales y la gran influencia de especialistas afines le abrirá la mente gracias a la contaminación e intercambio de conocimientos.

3. A. Martin, *Content Marketing Lovers*, presentado en SMConnect 2013, Rímini, 13 de diciembre de 2013.

No hay nada mejor que esto. Los famosos aceleradores que nos permiten evolucionar rápidamente son las personas con las que entramos en contacto.

Por ejemplo, Google Data Studio, que antes era para unos pocos y de pago, hoy es gratis y con muchas conexiones, crea informes agregando fuentes de datos (por ejemplo, Analytics, SC, Facebook) y, aplicando fórmulas, genera informes que se pueden compartir con toda la clientela. El mercado de los informes ha cambiado muy rápidamente. La unión de las habilidades de analistas y SEO ha supuesto una gran ventaja para todo el sector, permitiendo que muchas personas den un salto vertiginoso en muy poco tiempo.

No existe un T-Shaped SEO genérico, somos personas, cada cual con sus propias características y actitudes.

Mi consejo, sin embargo, es que, una vez creado este camino, no olvidemos que la diferencia no la marca la competencia de una persona, sino la determinación y la forma de abordar las cosas.

Hay dos SEO en particular que me gustan: el explorador y el artesano (estos son conceptos que, por supuesto, también son válidos en femenino). El explorador es el curioso, el que testea, prueba cosas nuevas, actualiza, busca áreas desconocidas. Nadie lo empuja a hacer nada: lo hace todo, no necesita motivadores.

El artesano es aquel que optimiza, no se conforma, perfecciona. Entra en el detalle de las cosas.

Cuando estas dos figuras están «dentro» de la misma persona, probablemente estemos ante un gran SEO.

El SEO es indivisible

Sé que a muchos les gustaría tener las ideas claras sobre:

- Qué atañe exactamente al SEO y qué no.
- Quién es responsable de una actividad en particular.
- Qué determina el éxito o el fracaso de un posicionamiento.

No cabe duda de que resulta difícil responder hoy en día a estas cuestiones, porque muchas actividades inciden en el SEO y el SEO influye en otras tantas, y muchas cosas pueden realizarlas diferentes figuras. La separación no es nítida, por lo que de vez en cuando tratamos de comprender y adaptarnos a las situaciones.

Tomemos un ejemplo. La definición del título es sin duda uno de los aspectos más importantes de las actividades SEO que deben llevarse a cabo. Digamos que tenemos que crear el título de una página de un sitio institucional. ¿De quién es la competencia? ¿Qué pasa con las páginas de producto de un comercio electrónico? ¿Y de un periódico?

Para las páginas de un sitio institucional, a veces los títulos los deciden algunas figuras que se ocupan de la comunicación institucional[4].

Para el comercio electrónico, muchas cosas están dictadas por el nombre del producto e incluso las sugerencias SEO pueden no ser tenidas en cuenta debido a una cuestión de producto y marca.

Para los periódicos tenemos los que redactan titulares, que pueden ser distintos a los que escriben los artículos.

De modo que sí, el título atañe al SEO y otras cosas también son competencia de los SEO o de las SEO, pero también puede no serlo.

Si además queremos arriesgarnos a responder a la tercera y última pregunta, es decir, qué determina el éxito o el fracaso de un posicionamiento, debemos reconocer que hoy en día se ha vuelto imposible encontrar respuestas válidas para todo el mundo.

Veamos la figura 5.1[5]: la búsqueda es [Socrate è morto], Sócrates ha muerto.

4. Para algunas realidades, el «cómo habla una marca» es fundamental en la comunicación, y de hecho existen figuras profesionales que se encargan de decidir y revisar todas las comunicaciones que hace la propia marca, incluidos los títulos de las páginas.

5. Búsqueda realizada el 21 de diciembre de 2018.

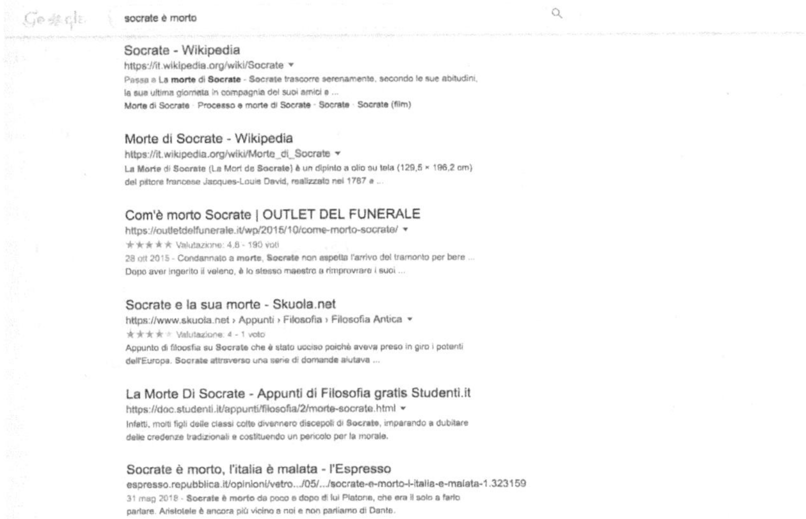

Figura 5.1 – Captura de pantalla de los resultados de búsqueda de la frase [Socrate è morto].

He eliminado toda la parte superior donde Google muestra quién es Sócrates con la clásica información: fecha de muerte, lugar y contenidos relacionados.

Consideremos, pues, el último resultado, el sexto. Es diferente a todos los demás y habla de la actualidad. Es un artículo en un dominio importante, escrito por el periodista Eugenio Scalfari, inmediatamente visible desde la página de inicio de una sección muy popular (por lo general, cuanto más cerca está el enlace a la página de inicio, más importante es).

¿A quién se debe el mérito de este posicionamiento? ¿Al prestigio como periodista de Scalfari? ¿A la importancia del dominio? ¿A algunos enlaces muy importantes?

Realmente me gustaría saber por qué nos inclinaríamos, de verdad. Venga, pensémoslo seriamente. ¿Por qué?

En mi opinión, la mayoría estará pensando en las cosas ya mencionadas. El problema, sin embargo, es que nadie puede saberlo. De hecho, quitando el verbo «è» de la búsqueda y buscando [Socrate morto] el artículo firmado por Scalfari no aparece ni entre los primeros cien resultados. Desaparece.

Por supuesto, las cosas cambian con el tiempo. Pero ¿cómo es posible? Entre otras cosas, en ninguno de los artículos aparecen las palabras «Sócrates muerto» en esta secuencia, pero en muchos tenemos «Muerte Sócrates».

¿Quién es el responsable de este no posicionamiento?

Probablemente la presencia del verbo ser en la forma italiana «è» cambia el significado de la intención que Google presupone para el usuario.

[Socrate è Morto]: El usuario quiere artículos más asociados al concepto que a los datos.

[Socrate Morto]: el usuario quiere informarse sobre la muerte de Sócrates, por lo que Google premia los sitios que aportan datos directamente.

El SEO es indivisible. No hay una parte técnica, una parte ligada a las intenciones de las personas, otra a los contenidos, una a los títulos y otra al prestigio. No es posible subdividir el SEO: a estas alturas se parece mucho más al agua de un río formado por miles de afluentes, que cuando llega al mar nunca se sabe de dónde partió.

Se trata de un gran caos. Por eso, pensar en actuar por partes, en aislar y dividir el SEO, es un problema: los componentes que llevan un proyecto al éxito son muchos y todos interrelacionados. De hecho, se influyen mutuamente.

El SEO se compone de unas cuantas certezas

Hemos visto que no podemos dividir los aspectos SEO y que no estamos en condiciones de establecer por qué un sitio queda de los primeros en los resultados de búsqueda o por qué no.

La experiencia hace la diferencia, y lamentablemente no se mide por el tiempo que le dedicamos, pues en ella influyen muchos factores:

- Las personas que nos guían y el entorno en el que vivimos.
- Nuestras actitudes.
- Las fuentes que seguimos.
- La diversidad de proyectos que gestionamos.
- La cantidad de problemas que encontramos en el camino.

Hacer SEO durante siete años no significa nada.

Una persona que lleva siete años dedicado al SEO y se ocupa de pequeñas empresas locales como autónomo y por sí solo solo no puede haber desarrollado la misma experiencia que alguien que ha estado siete años haciendo SEO y trabaja en equipo en proyectos complejos.

De modo que el tiempo no es un parámetro. Sin embargo, si hay algo en común entre todas las personas que tienen experiencia en SEO es *saber que no saben*: de hecho, nadie puede explicar exactamente el porqué de un resultado de Google, especialmente quienes nos parecen más raros. No tenemos muchos datos para hacer ciertas afirmaciones y además hay tres elementos incontrolables:

- Los Quality Rater o Evaluadores de Calidad.
- Las solicitudes de reconsideración.
- El usuario.

Los Quality Raters ofrecen una opinión a Google que obviamente no es determinante, no influye directa e inmediatamente, pero con el tiempo puede marcar la diferencia.

Si notamos que un sitio está en primera posición, pero consideramos que no debería estarlo porque ha utilizado prácticas engañosas, como la compra de enlaces, también es cierto que no tenemos conocimiento de las solicitudes de reconsideración. ¡Exacto! Si eres penalizado por Google, a través de la Search Console, puedes pedir la absolución. La revocación del pecado.

Y luego, por último, está el usuario, la parte más dolorosa de aceptar.

Se nos da bien, muy bien, el ver las faltas de los demás.

Se nos da bien, muy bien, el no fijarnos en lo que tenemos delante.

Con nuestros competidores, en el SERP, lo primero que hacemos es mirar lo que está mal. En los análisis que se realizan, es raro encontrar a alguien que destaque los aspectos positivos de un sitio, por qué merece su buen posicionamiento. De esta manera corremos el riesgo de no ver realmente las cosas positivas que hace la competencia.

Lo mejor es realizar un ejercicio: abrimos los primeros diez resultados de búsqueda de la palabra clave que nos interesa, y para cada sitio anotamos las tres cosas positivas que vemos. Quizá así podamos entender lo que quieren las personas, porque no hay nada más importante que esto: no hay Google, no hay SEO, lo que hay son personas.

La persona es el rey o la reina. No lo son los contenidos o nuestro sitio. Y no le echemos la culpa a Google, como muchos hacen. Una multitud de gente inunda los foros maldiciendo a Google porque, según dicen, no ha entendido su proyecto. «Las brujas dejaron de existir cuando nosotros dejamos de quemarlas», escribió Voltaire.

Por desgracia, el SEO se compone de unas cuantas certezas.

Ahora intentemos dar un paso más y empecemos a hablar sobre las redes sociales. Pero, al igual que en el capítulo anterior, en la parte donde hablábamos de cantidad para Google, e introdujimos una pequeña nota, vamos a hacerlo aquí también, más brevemente: los enlaces son fundamentales, y esta es una certeza, una de las pocas.

Para ser visibles en el ecosistema de Google, es importante crear recursos de calidad que la gente quiera usar, pero también es importante tener enlaces de otros recursos de calidad. Los enlaces siguen siendo esenciales. Esta nueva concepción de Google no sería verdadera y real si no fuera por un cambio en el trabajo de consultoría. Por lo tanto, le he pedido a Marco Quadrella, director operativo de Search On Consulting, su contribución después de leer este libro. En lo que atañe al marketing digital y los negocios, Marco Quadrella es un punto de referencia no solo para mí, sino para todo el mundo. Encabeza un fantástico equipo, lleva a los clientes a importantes facturaciones y hace años que nos explica cómo hay que afrontar los cambios del mercado incorporándolos al negocio de las empresas a las que asesoramos.

La evolución de los modelos de consultoría SEO

por Marco Quadrella

¿Qué ha cambiado en el trabajo de un consultor y en la implementación en proyectos de clientes con esta nueva concepción de Google? Los cambios en los modelos de intervención con los clientes han sido sustanciales: partimos de intervenciones «clásicas» basadas en la palabra clave, en contenidos individuales y en aspectos técnicos y, a medida que aumentaba la «liquidez» de Google, las hemos ido transformando en planteamientos más completos tanto en términos de estudio de las necesidades de usuarios y usuarias como del análisis de las empresas clientes y de sus respectivos sistemas de información.

Estudio de usuarios: la clásica búsqueda de palabras clave basada en volúmenes de búsqueda está chocando con:

1. una estructura cada vez más impredecible de los SERP y de los recorridos de los usuarios, que a veces ni siquiera requiere búsqueda de texto o clics.
2. una presencia masiva de Google Ads que, gracias a campañas como Performance Max y tecnologías como Remarketing Lists for Search Ads, insiste solo en la misma palabra clave, en los usuarios más interesados en la conversión.

¿Qué sentido tiene en este contexto partir de los volúmenes de búsqueda? ¿Y cómo integramos todas las nuevas modalidades de búsqueda y uso de Google? Razonar mediante palabras clave sigue siendo muy tranquilizador, pero cada vez resulta menos decisivo, especialmente si no tenemos la intención de ser aplastados por el pago por clic. En los modelos que hemos introducido en la empresa, el punto de partida está ciertamente definido por los datos disponibles, que sin embargo se integran también con análisis que eran mucho menos relevantes en el pasado. Veámoslos brevemente.

Empecemos por el proyecto, por su historia y posibles desarrollos, la organización actual de la información y de los procesos actuales de producción de contenidos. ¿Cuáles son las necesidades del usuario que el proyecto del cliente puede o pretende satisfacer? ¿Qué herramientas, plantillas o recursos deberíamos desarrollar para mejorar los datos, productos y servicios propios ofrecidos?

Ampliemos los posibles puntos de contacto. ¿En cuáles aún no hemos pensado? Pensemos en los formatos de contenido, en el ecosistema extendido de Google (para Google Discover, Google Shopping y YouTube no se puede tener el mismo enfoque de búsqueda de palabras clave que en el SEO clásico) y en las posibles intenciones del usuario. Para cada caso de uso, ¿qué UX y qué mecanismo de activación de usuarios queremos prever en nuestro sitio? ¿Qué dinámicas queremos que se creen en el proceso de satisfacción de necesidades?

Pongamos nuestros datos en el centro del proceso de toma de decisiones. ¿Qué nos dicen las herramientas de análisis y el CRM, la gestión de relaciones con los clientes? ¿Qué páginas de destino valen más para nosotros en las distintas etapas de conocimiento, consideración, conversión y lealtad? Medir las búsquedas por sí solas y el tráfico simple en un mundo en el que Google Ads se le aparece con mayor probabilidad a quienes tienen más probabilidades de conversión y con probabilidad menor a quienes tienen menos significa, paradójicamente, ir en busca de un tráfico que los anunciantes no quieren. Pero esta es solo una de las posibles paradojas: Google, en general, tenderá a llevar cada vez más usuarios adonde estos usuarios están «satisfechos» y, por lo tanto, es estudiando analíticamente esta «satisfacción» como podemos sugerir estrategias para interceptar nuevo tráfico.

Estudio del proyecto y de la empresa: aquí, en cambio, todo lo que antes era análisis técnico SEO se está convirtiendo en un trabajo más amplio de integración de los sistemas de información de la empresa con los requisitos y estándares de Google. El sitio web permanece en el centro, pero ya no es el único actor.

CMS altamente estandarizados (pensemos en Wordpress, que emplea a desarrolladores pagados directamente por Google para mejorar la adecuación a las pautas) o CMS, sistema de gestión de contenidos, basados en tecnologías en la nube (y nuevamente mencionamos solo el más extendido, Shopify) que ya logran adherirse de forma nativa a las principales mejores prácticas. No cabe duda de que siempre habrá espacio para el SEO técnico, pero, en promedio, la situación ha mejorado definitivamente en comparación con hace unos años.

La mayor parte del trabajo capaz de marcar la diferencia en el proyecto, por tanto, se desplaza hacia una comprensión más completa de todos los sistemas de información corporativos y su mejor integración con los requisitos de la web moderna y Google, abandonando el análisis del sitio web.

Pongamos algunos ejemplos.

Los requisitos de los *core web vitals* (y de la web moderna) se pueden mejorar a menudo actuando en la interfaz del sitio, pero saber cómo recomendar una CDN (red de distribución de contenidos) y un enfoque adecuado para las políticas de almacenamiento en caché puede proporcionar soluciones a largo plazo que aligeran el coste de desarrollo y reducen el trabajo requerido para una adaptación continua.

A través de Merchant Centre y feed de productos puede mejorarse el posicionamiento en Google Shopping, y el sitio no se ve necesariamente implicado , pero sí lo están los PIM (Gestión de información de productos) de las empresas. Del mismo modo, podemos referirnos a la parte local: para posicionarnos en Maps y búsquedas locales, es importante lo que el buscador encuentra en el sitio, pero no tanto como lo que puede encontrar en los perfiles de actividad de Google y en los posibles archivos que lo acompañen, que pasan esa información sobre los puntos de venta concretos y sobre su disponibilidad de mercancías. Google News también tiene una lógica similar, en la que el feed y el trabajo en el centro de editores pueden marcar la diferencia en el tráfico generado.

Nos estamos replanteando nuestro papel como verdaderos socios de consultoría informática: trabajamos en la integración de sistemas, con el objetivo de optimizar los activos de la empresa siguiendo las diferentes mejores prácticas recomendadas por Google. Esto significa analizar los registros del servidor, pero también saber tener en cuenta todos los cuellos de botella que una empresa puede encontrar durante el desarrollo de las soluciones requeridas. Esto significa solicitar el añadido del marcado de Schema.org, pero también hacerse la pregunta de qué se incluirá dentro de los valores requeridos por el marcado.

El estudio del usuario y de las empresas son dos áreas que han crecido tanto que también requieren un aumento de competencia y visión de nuestro trabajo. Optimizar solo el contenido y los aspectos técnicos es cada vez más un enfoque táctico, poco resolutivo y sin impacto a largo plazo. Para hacer SEO, hoy en día debemos adoptar un enfoque dirigido a procesos empresariales completos, para poder aprovechar al máximo el cambio de ritmo de Google y de sus usuarios.

6 Los medios sociales de Google

Adiós a las redes sociales

«La sociedad entera se hace visible como una unidad viva e imperecedera. Pasan generaciones de individuos como células anónimas de un cuerpo vivo; pero permanece la forma sustentante e intemporal». Son palabras de Joseph Campbell en su libro *El héroe de las mil caras*, el único que recomiendo cuando se trata de viajes y héroes.

En estas pocas líneas también encuentro contenida la forma de mirar Internet. Los actos individuales de las empresas no son más que un síntoma de cómo está yendo toda la Red. Esa es la forma intemporal. Los grandes movimientos en materia de privacidad y bienestar digital son un indicio más que flagrante de lo mal que lo hemos hecho en los primeros años de uso de esta increíble herramienta. Pero hay un indicio aún más evidente que todos los demás, que debería alarmarnos: las redes sociales están muriendo.

En Italia tenemos poco conocimiento de las palabras que usamos. Hablamos de posicionamiento, por ejemplo, pero nos referimos a indexación. En cambio, sería importante ponerse de acuerdo desde el principio sobre las palabras.

¿Qué significa Social Media o medios sociales?

Tomando como referencia la Wikipedia en inglés[6], los Social Media se definen por cuatro características fundamentales:

- son plataformas interactivas, basadas en los principios de la Web 2.0;
- su linfa vital se compone de contenidos generados por los usuarios;
- las personas tienen un perfil dentro de ellos;
- los perfiles tienen la capacidad de seguirse unos a otros, creando relaciones sociales.

6. Hay muchas más páginas de Wikipedia en inglés, pero sobre todo son más precisas y significativas: https://bit.ly/giorgio70.

Solo para entendernos, es la última característica lo que llamamos Social Network o redes sociales. Una de cuatro. Podemos decir que las redes sociales representan el 25% de las funciones de los medios sociales. Pero en los últimos años algo se ha roto.

Hoy la gente prefiere relacionarse sin duda en microcomunidades. Y este es un movimiento interesante. Además, tenemos a las nuevas generaciones, que son un tsunami impredecible y logran crear medios sociales por todas partes. Cada vez es más habitual ver usar Discord, Telegram u otras plataformas no diseñadas para ello utilizadas en la modalidad de medios sociales privados. Pero lo más importante que se ha roto son los feed de las redes sociales.

Ese 25% de las redes sociales ya no existe. En muchos medios sociales siguen vigentes las tres primeras características, pero falta aquella por la que erróneamente las llamamos redes sociales.

Pongamos el caso de YouTube, por ejemplo. En los últimos años ha disminuido mucho la influencia en la página de inicio de YouTube de los contenidos producidos por los canales que seguimos, que en la práctica es casi nula. En efecto, mientras antes, al abrir YouTube, encontrábamos muchos vídeos de canales a los que nos habíamos suscrito, hoy ya no es así. En el vídeo titulado *Boss Talk: YouTube's VP of Engineering on Recommendations*[7] alojado en el canal Creator Insider[8], se entrevista a Cristos Goodrow, quien está a cargo de todo el sistema de recomendaciones de YouTube, que decide lo que aparece en la página de inicio y en los vídeos recomendados. Su respuesta a la pregunta de por qué las subscripciones importan tan poco hoy en día es reveladora: la gente no usa las subscripciones correctamente. Y señaló dos extremos: los que creen que hay que pagar, y por eso siguen viendo los vídeos de ese canal sin suscribirse, y los que se han suscrito y solo han visto un vídeo. Estos últimos son muchos, y tal vez lo que querían era simplemente dar las gracias a la persona que había creado el vídeo y no tenían

7. La pregunta específica y la respuesta: https://bit.ly/giorgio71.
8. Creator Insider es el canal del equipo técnico de YouTube.

intención de ver más vídeos de ese canal. En la práctica, la función de redes sociales no afecta la transmisión de los vídeos recomendados. Es más, una actualización de la aplicación móvil con fecha 14 de noviembre de 2021 modificó de forma notable el feed, introduciendo el recuadro Shorts como uno de los elementos principales, que muestra vídeos de canales a los que no estamos conectados y elimina más visibilidad de los vídeos clásicos.

Pasemos a TikTok, que se define como una plataforma de entretenimiento, no como un medio social. Y de hecho lo es: nuestro feed está influenciado por lo que vemos, no por los canales a los que nos suscribimos.

¿Twitter? Ha empezado a publicar tuits de cuentas que no seguimos.

¿Facebook? Se basa principalmente en un algoritmo que recompensa las cosas con las que interactuamos, no lo que seguimos.

Todas las plataformas de medios sociales han dado un giro en los últimos años, dando más poder a los algoritmos y menos a las personas. La razón es obvia: son capaces de monitorear los parámetros que nos permiten mantenernos activos en su plataforma. Solo si nos retienen pueden ganar más, y por lo tanto necesitan comprender y gestionar todo lo que estimula nuestra atención para maximizar sus intereses. Y esto también en detrimento de la salud de las personas. Las investigaciones que han salido a la luz en estos años me eximen de la tarea de introducir referencias precisas, porque es ya un asunto muy conocido y fácil de rastrear. El caso es que estamos delegando peligrosamente en los algoritmos el control sobre el contenido del que nos alimentamos.

¿Qué hemos de considerar como medios sociales?

Con la funcionalidad de las redes sociales cada vez menor, podemos afirmar definitivamente que un medio social es un entorno interactivo que ofrece a las personas un perfil, y que este perfil puede permitir crear contenidos o recibirlos.

Google Discover es un medio social, es una red social sin amigos. Un sueño para muchos. Es interactivo, permite tener un perfil y recibir contenidos en función de nuestros intereses.

¿Qué ocurre con Google Maps? ¿Nos hemos fijado alguna vez que tan pronto como lo abrimos ya estamos en la sección de exploración, como se puede apreciar en la figura 6.1?

Figura 6.1 – Captura de pantalla de la aplicación Google Maps.

Pues bien, tan pronto como desplazamos la pantalla para ver más contenido, empezamos a notar una gran cantidad de contenidos: publicaciones de Local Guide (perfiles de Google Maps que cualquiera puede abrir), publicaciones de negocios locales, reseñas e incluso, como la figura 6.2, artículos varios de interés general, de los que vimos un ejemplo al principio del libro.

Figura 6.2 - Captura de pantalla de la aplicación Google Maps, en la que aparece una reseña.

Y podemos interactuar y crear contenido, seguir a personas y ser seguidos. Google Maps es un medio social geolocalizado.

Y ya tenemos tres: el ecosistema de Google cuenta con YouTube, al que le dedicaré el siguiente capítulo, Google Discover y Google Maps, que son medios sociales integrados que veremos a continuación.

Uno de los puntos de acceso al ecosistema más utilizados es la barra de búsqueda, pero es recomendable tener cuidado: cada medio social es un punto de acceso, y por eso si queremos dedicarnos al SEO (Search Ecosystem Optimization) debemos conocerlos.

Google Discover

Una cosa es indudable: este medio social de Google logra encauzar un tráfico muy importante hacia algunos tipos de sitios, especialmente quienes hablan de temas de actualidad. Para algunos, el tráfico es mayor desde Google Discover que desde Google Search[9].

Para medir el tráfico, recomiendo hacerlo en Google Search Console. Es una mina de oro de información: nos dice todas las páginas que acaban en Discover, pero sobre todo nos ofrece la información que nos interesa, como cuántas impresiones hemos recibido y cuántos clics hemos conseguido. Esta es la base para empezar a estudiar qué funciona y qué no. Y qué temas nos llevan a acabar «siempre» en Discover.

Los contenidos que se proponen a las personas se eligen en función de los intereses que Google consigue interceptar. Sí, no son recursos, son contenido y, en su mayoría, de mala calidad y con mucho ciberanzuelo. Evidentemente es una fase pasajera, pero será una fase larga: el ciberanzuelo es casi endémico.

Otro pasaje cultural importante que conviene memorizar es el hecho de que los intereses no son aleatorios. No se trata de cosas genéricas que se nos ocurran. Son específicos e identificables, porque son Entidades.

Los intereses que Google afirma tener en cuenta son[10]:

- generados automáticamente en función de las búsquedas que hemos realizado en Google;
- creados por nosotros en función de las campanas que hemos activado en temas encontrados en Google;
- creados por nosotros en función de las actividades locales que seguimos (se trata de empresas locales de Google Maps o los Local Guide).

9. Aquí algunos datos compartidos por la comunidad italiana: https://bit.ly/giorgio72.
10. Si clicamos en la G de Google se abrirá Discover. En la parte superior derecha está el ícono de su perfil, hagamos clic y entremos en el elemento Configuración. Allí encontraremos canales e intereses.

Aquí, en realidad, corremos el riesgo de confundirnos un poco. Aunque lo hayan diseñado ellos, en Discover no se ven las actualizaciones de las actividades locales que seguimos. Es como si hubieran planeado introducirlas, pero nunca lo hubiesen hecho. Y, además, Google da poco peso a lo que seguimos e intenta priorizar sus algoritmos. Es realmente extraño que Discover, por ejemplo, no muestre actualizaciones de los canales seguidos en YouTube, sino que esté lleno de vídeos de YouTube elegidos por algoritmos.

Para resumir un poco, Discover no es domesticable ni predecible. Es como una marea que decide cuándo llegar y cuánta agua llevar a la costa. Por eso, quienes viven de esa clase de tráfico viven al día.

Después de muchos experimentos, muchos intercambios con personas que se ocupan de esto y que me han confiado datos y pensamientos[11], tengo pocas certezas.

«Amigos, he confirmado todas mis sospechas
y me conmueve tener tan pocos versos, pero aquí están»[12]:

- para que se active la campanita en nuestra marca, actualmente no hay instrucciones. Algo se está moviendo en Chrome, donde existe una funcionalidad en Beta desde mayo de 2021[13], pero también aquí: si seguimos a alguien en Chrome, su contenido terminará en una parte diferente, como se muestra en la figura 6.3;
- la cantidad de artículos sobre un tema específico es uno de los factores más importantes, especialmente cuando se convierte en tendencia;
- • las imágenes marcan la diferencia: al final de este libro, una de las cosas en las que necesitaremos ahondar es eso, por qué im-

11. Quiero dar las gracias a Andrea Pernici su dedicación a descubrir cosas nuevas, a Martino Mosna las enloquecidas pruebas que hicimos, a Alessio Pomaro el compartir y probar y a Alessia Pizzi por compartir experiencias sobre el tema.
12. *Quando piove*, canción de Rancore.
13. https://bit.ly/giorgio73.

pacta en todas partes, como vimos en la sección sobre los recursos multidimensionales;

- • todo lo que hemos aprendido podría desvanecerse y desaparecer en cualquier momento: vivimos de incertidumbres, porque Discover actualmente muestra muy mala calidad y esperamos un tsunami.

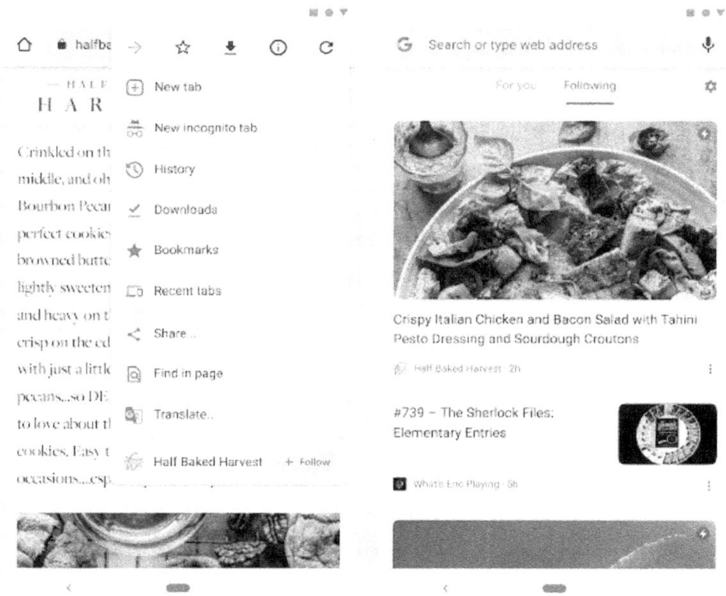

Figura 6.3 – Imagen oficial del blog de Google, donde se ve claramente que la función «Seguir» separa los contenidos que queremos seguir de los elegidos por el algoritmo (Para ti, como hace TikTok).

Con todo, un consejo que puedo dar es que conviene mantenerse siempre al día acerca de las pautas[14].

14. https://bit.ly/giorgio74.

Hagamos las cosas bien, cuidemos todos los datos que tengamos al detalle, usemos schema.org, asegurémonos de que los autores tengan páginas dedicadas, atendamos la experiencia de usuario, seamos constantes en la temática, trabajemos con las entidades y no con palabras. Y cuidemos la presencia de nuestras páginas en los recuadros especiales de Google, como Top News y Vídeos.

Y, además, claro que sí, seguro que de todo esto debe encargarse una figura con diferentes habilidades: técnicas, comunicativas, sociales y de análisis de tendencias.

Ah, se me olvidaba: ¿qué acaba en Discover? De todo. Artículos, noticias, noticias de Google Showcase (recogidas en la sección Noticias multidimensionales de calidad), boletines, vídeos de YouTube, juegos de Google, historias web, productos de comercio electrónico (con orgullo italiano, subrayo que el primero en el mundo en notarlo fue Riccardo Mares). Pero también resultados de fútbol (incluso en tiempo real), de otros deportes, los Oscar, los shorts de YouTube. Y, por supuesto, la publicidad.

Y atención, porque en Discover hay noticias en dos idiomas. Quizá sea este el servicio de Google donde más patente quede lo que ya decíamos sobre este tema en la primera parte del libro.

Además, a quienes estén más preparados técnicamente, les recomiendo ponerse al día con estos tuits de Valentin Pletzer[15], que ha desmontado Discover pescando información sobre categorías e intereses. Los datos no son importantes, porque quizá cuando los descubramos ya estén caducados, pero la visión que podemos extraer de ellos es interesante.

Y precisamente sobre la visión, creo que es importante el vídeo «¿Cómo PODRÍA funcionar el algoritmo Google Discover: ¿se ha copiado de YouTube?». Recomiendo ver este vídeo después de leer todo el capítulo dedicado a YouTube[16].

15. https://bit.ly/giorgio75
16. https://bit.ly/giorgio76.

Google Maps

1 de diciembre de 2020.

Maps se convierte en un medio social. Así lo anunció Capella Yee, Product Manager de Google Maps, con un artículo titulado: «A new way to discover what's happening with Google Maps»[17]. Nunca usa la palabra Social, pero lo es. Lo era antes también, pero no tenía feed.

Nada más abrir la aplicación esta nos geolocaliza y nos muestra dónde estamos. Basta con que nos desplacemos para que aparezca un feed geoetiquetado de cosas que podrían interesarnos. Están las últimas actualizaciones locales (nuevos restaurantes, por ejemplo), lugares famosos, publicaciones de personas a las que seguimos, publicaciones de personas del lugar, publicaciones de negocios locales, reseñas, artículos de sitios locales. Es exactamente un medio social. Podemos seguir y ser seguidos porque también tenemos un perfil, como podemos ver en una notificación en la figura 6.4.

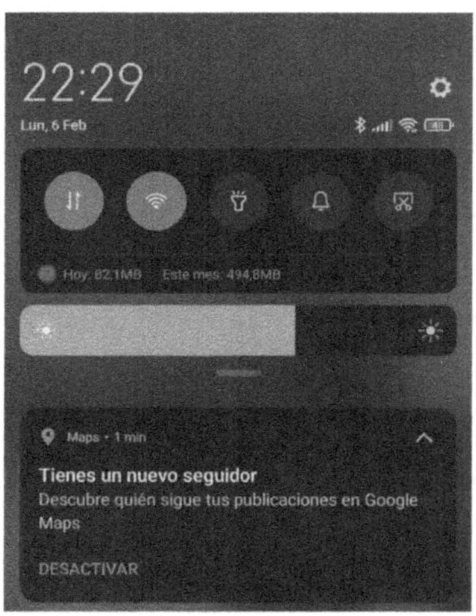

Figura 6.4 – Imagen que muestra la notificación de Google Maps sobre el nuevo seguidor.

17. https://bit.ly/giorgio77.

La sección con el feed se llama Explorar (o, si nos gusta más, Discover de Google Maps. Confío de verdad en que unifiquen todo lo que seguimos dentro del ecosistema). Abrimos la aplicación y ya estamos en Explorar. Es una de las funcionalidades más utilizadas y tiene un alcance increíble.

Con nuestro perfil, podemos hacer de todo, desde reseñas hasta añadir un lugar. Y Google ha creado un sistema de gamificación interno, donde realmente se anima a la gente a jugar al pequeño explorador o a la pequeña exploradora. Y Maps está lleno de contenido generado por la gente.

En la sección de noticias, en cambio, puedes leer las actualizaciones de las personas a las que seguimos, notificaciones y mensajes privados con las estructuras.

En resumen, tal vez Google Maps sea más medio social que Instagram. Dejo al lector la decisión acerca de esto, que no pasa de ser una «provocación» por mi parte.

Lo que nos interesa es que Maps es un entorno muy rentable pero mal atendido. Probablemente la mayoría de nosotros usemos Google Maps como navegadores, pero nunca hayamos explorado su potencial como medio social, pero para quienes tienen un proyecto o se dedican a la consultoría, no ser conscientes del potencial de Google Maps se convierte en un problema. Hay muy pocas realidades que lo aprovechen bien. Muchos piensan solo en aspectos de optimización local, pero Google Maps ofrece todo un mundo de oportunidades.

Google Maps:

- con las publicaciones creadas por la estructura, se acerca a la actividad de los medios sociales, pero también de las ventas directas;
- con los artículos de sitios locales, reseñas, publicaciones de personas, está a medio camino entre una actividad de influencer, de relaciones públicas y de atención al cliente.

Y es probable que siga así, lleno de mensajes de comunicación inadecuados, como podemos ver en la figura 6.5. Y, sin embargo, no faltan quienes empiezan a entender cómo conseguir mejorar la visibilidad de las pequeñas estructuras y se está preparando para hacerlo, ofreciendo consultoría y formación.

Figura 6.5 – Imagen que anuncia la oferta del menú de Nochevieja en un restaurante romano, poco adecuada para el entorno en el que se comparte: exceso de texto y formato ilegible. En realidad, no está diseñado para el entorno en el que se ha compartido.

Estamos solo al principio, pero podemos decir que Maps está muy integrado dentro del ecosistema de Google. Las informaciones que vemos dentro de la aplicación, las más importantes, también se recogen en los resultados de búsqueda.

Las publicaciones de las estructuras aparecen cuando buscamos su nombre, los mensajes privados se activan directamente desde las SERP, con posibilidad de tener también un chatbot.

Y esto no es todo: este mundo es importante para Google. Echemos un vistazo a Google Travel[18] y comprenderemos hasta qué punto es así. Es nuestro asistente de viajes: información sobre hoteles, casas de vacaciones, vuelos y viajes en general. ¿Cuándo es mejor ir? ¿Cuándo gastamos menos? ¿Qué podemos hacer?

Google quiere que lo sepamos todo, lo que se dice todo.

Las Web Stories: un híbrido

Mención especial merece este tipo de contenidos, que cuenta con una web específica: https://stories.google/. Sí, es de Google. Google ha inventado un contenido híbrido, tomado de las historias de las redes sociales y llevado a la Web.

La documentación técnica es sencilla[19], hay herramientas para la creación de contenidos (por ejemplo, en WordPress hay varios plugins[20]) y hay muchos casos prácticos[21]. En la figura 6.6 podemos ver la página de inicio de Marca.com, el periódico deportivo español.

Aquí podemos ver las Marca Stories, que no son más que historias web. Gráficamente muestran en un círculo el tema principal al que está dedicada la historia web, retomando el diseño de las historias en redes sociales.

18. https://bit.ly/giorgio79.
19. https://bit.ly/giorgio80.
20. https://bit.ly/giorgio81.
21. https://bit.ly/giorgio82.

Figura 6.6 – Captura de pantalla de la página de inicio de Marca.com.

En Italia los grandes periódicos aún no han llegado a esto, pero hay sitios específicos que los aprovechan, como Culturamente.it[22], que los inserta en el menú superior, los incrusta en los artículos y enlaza sus mejores artículos dentro de las web stories, creando una historia dentro de una historia: «lo mejor de» que facilita al público profundizar en los temas.

¿Por qué estamos hablando de eso ahora? Porque son un pequeño ejemplo de la integración de un contenido dentro de un ecosistema que no tiene divisiones: acaban en Google Discover (Social Media), en Google Search y en Google Imágenes. Hoy terminan allí, en el futuro aún no lo sabemos. Y esto, como todo lo que estamos viendo, es solo el comienzo.

La integración de los medios sociales en el ecosistema de Google

Para entender el poco sentido que tiene separar lo que es Social y lo que no, podemos examinar algunas integraciones. De hecho, cada vez que

22. https://bit.ly/giorgio83.

noto una integración, me pregunto: ¿qué figura profesional debería ocuparse de esto en un equipo?

Aquí hay una pequeña lista de cosas que son híbridas... a medias:

- Publicaciones de empresas locales en Google Maps: terminan en los resultados de búsqueda de Google, pero también en el feed social de Maps.
- Vídeos de YouTube: acaban en todas partes. El próximo capítulo estará íntegramente dedicado a este medio social.
- Web Stories: en Búsqueda de Google, Imágenes y Google Discover.
- Productos de Google Shopping: están por todas partes, desde la Búsqueda de Google hasta YouTube, Discover, Google Maps.
- La posibilidad de seguir un interés/canal: en Google Search, Discover, Maps, YouTube.

Podríamos continuar largo rato aún, pero una cosa está clara: somos nosotros y nosotras quienes todavía pensamos por compartimentos estancos y vemos el marketing de los medios sociales como una actividad segregada y diferente de todas las demás actividades del marketing digital. Del mismo modo como nos quedamos estancados en 2007 en lo que se refiere al SEO, las cosas no son muy diferentes en el área de los medios sociales. Esta subdivisión Medios Sociales vs. Resto del Mundo no existe dentro del ecosistema de Google y tampoco existe fuera de él, como podremos ver en breve.

No hay integración alguna de los medios sociales en el ecosistema de Google: solo existen los datos que distribuye Google.

Por ello, tratar de entender adónde van a parar las cosas es útil como comprensión de lo que está ocurriendo, pero es un ejercicio que hay que poner en práctica de inmediato en las actividades de consultoría. ¿Quién se encarga de esto? ¿Qué figura?

Cuando hablé con Cosmano Lombardo, director general de Search On Media Group, sobre el título de este libro y le expliqué mis ideas al respecto, me dijo: «Google es líquido en una sociedad rígida». Y lo cierto es que no le falta razón: todos y todas somos rígidos en el pensamiento... y en la acción.

Cierro el capítulo con este adelanto: ¿a que no sabemos que YouTube ya no es solo «vídeo»? También en este caso ¿quién se encarga de ello?

7 La televisión del mundo: YouTube

El mundo nunca volverá a ser el mismo

Aunque son muchos los textos que consideran Internet como un paso importante en la historia de la humanidad, la influencia que ejerce no solo no ha terminado ni está definida por completo, sino que se halla en constante cambio. Si hay algo que puede definirse como una certeza es que, digamos lo que digamos en el futuro, el papel de los vídeos será central.

Julio de 2010. Chris Anderson, responsable de TED Talks, pronuncia una conferencia titulada: «Cómo estimulan los vídeos en la web la innovación global»[1], fenómeno al que denomina Innovación Acelerada de Masa (Crowd Accelerated Innovation). Lo que defiende es que los vídeos tendrán un impacto en el conocimiento parejo al que tuvo la invención de la imprenta. Anderson muestra a un niño de siete años aprendiendo un estilo de baile. ¿Y dónde lo aprende? ¡En Youtube! Hoy tenemos la oportunidad de aprender muchas cosas con los mejores maestros del planeta, mientras que en otros tiempos nos veíamos obligados a hacerlo con los más cercanos a nosotros.

Obviamente, hay una enorme diferencia entre aprender algo por ti mismo viendo un vídeo y aprender algo seguido de cerca por un profesor. Es posible que, con el metaverso, algunos sectores puedan reducir un poco más esta distancia que, desde mi punto de vista, nunca se eliminará del todo. Sin embargo, hoy podemos constatar que los vídeos han supuesto una gran aceleración del conocimiento en muchos sectores, llegando incluso a crear nuevos estilos en muchas artes.

Dejando de lado las estadísticas de las distintas empresas que cuentan con servicios de vídeo, hoy en día no existe un entorno social tan potente como YouTube, que forma parte del ecosistema de Google. No existe una plataforma publicitaria en vídeo que ofrezca una variedad de posibilidades tan amplia en tantos dispositivos diferentes, no existe un entorno que brinde tantas opciones de monetización para

1. https://bit.ly/giorgio84.

quienes hacen el trabajo de Creadores. Para quien utiliza los contenidos, no existe un entorno tan bien organizado que le permita encontrar exactamente lo que busca. Si juntamos las tres cosas: publicidad, monetización, contenido (recursos), nos encontramos ante algo muy completo, orientado al sector del vídeo. Y no en un ámbito específico del vídeo (por ejemplo, el entretenimiento), sino en todos los ámbitos de los formatos de vídeo que son los más populares hoy en día: vídeos largos bajo demanda, vídeos en vivo, vídeos muy cortos. Lo que posee YouTube y no tienen los demás no es solo un contenido para cada necesidad, sino una atención específica a ese tipo de contenido, estemos donde estemos. Las personas prestan una atención consciente a ver vídeos de YouTube porque tienen un interés personal específico. No son vídeos que un algoritmo te ofrece uno tras otro, sino que hay un trabajo que orienta la elección. Y esta elección está en cualquier pantalla: ¿hemos visto alguna vez un vídeo de TikTok en un televisor inteligente? Estamos hablando de millones de personas interesadas. Me apuesto algo a que nunca hemos visto un vídeo de Facebook, Instagram, Twitter en nuestro televisor inteligente. Hay creadores que hacen vídeos con esto en la cabeza y hay anunciantes que crean anuncios para ello.

En YouTube encontraremos también documentales, películas, series de televisión, música, eventos. YouTube no es un entorno social, no es una televisión en streaming, es todo esto y más: YouTube es la televisión del Mundo.

Me gusta mucho usar las palabras con las que YouTube se define a sí mismo, porque lo deja todo más claro. Neal Mohan, Chief Product Officer de YouTube, en el artículo «A Look at 2022: Community, Collaboration, and Commerce»[2] escribe que ofrecen a los creadores la posibilidad de crear Shorts, Live y los famosos *video on demand* (VOD), y que YouTube es la plataforma líder para involucrar, entretener y enriquecer a miles de millones de personas en todo el mundo (donde en-

2. https://bit.ly/giorgio85.

riquecer significa mejorar la vida de las personas). Si ahora mismo estamos pensando que no es posible, puedo aseguraros que hay muchos mensajes de personas debajo de los vídeos de YouTube que incluyen frases como: «Gracias por haber mejorado mi vida».

La visibilidad de un contenido de vídeo

Google líquido logra dar visibilidad a cualquier información dentro de su ecosistema: con todo, tener la televisión del Mundo de su lado es una ventaja significativa. No solo logra que el contenido de vídeo de YouTube sea visible en los resultados de la búsqueda de Google, sino también en Google Images, Google Video y Google News. Y obviamente dentro de Google Discover, con una gran visibilidad para todas las personas que hablan de tendencias, noticias y tienen una comunidad muy fuerte en YouTube. Google da un gran impulso a YouTube, tanto porque ofrecer la posibilidad de ver un vídeo en un momento dado marca la diferencia, como porque aumenta la visibilidad para sus anunciantes. Algo que también constituye una enorme ventaja: Google, en términos de publicidad, puede ofrecer una oferta sin igual.

Por estas razones, es importante entender cómo actuar con YouTube. Los contenidos tienen en este medio una vida larga, muy larga de hecho. En general, en entornos sociales, los contenidos se consumen rápidamente y agotan su función a los treinta minutos. Por el contrario, es frecuente ver un vídeo de YouTube que tiene muchos años.

Pondré el ejemplo más extremo de todos. El vídeo titulado «Me at the zoo»[3] fue publicado el 24 de abril de 2005 por Jawed Karim, cofundador de YouTube, quien ya no forma parte de la empresa. Este vídeo ha obtenido más de 200 millones de visitas y 11 millones de «Me gusta».

Sin voluntad de proponer un cuestionario, quiero resaltar algunos números sorprendentes:

3. https://bit.ly/giorgio86.

- 11 millones de comentarios, y si vamos a verlo habrá alguien que haya hecho un comentario hace menos de 3 minutos.
- El comentario con más «Me gusta» tiene 2,3 millones. ¿Cuándo se colgó? En 2021.
- En noviembre de 2021, se modificó la descripción del vídeo en protesta por la decisión de YouTube de ocultar el número de los «No me gusta». La noticia fue recogida por los principales diarios nacionales e internacionales.

Un vídeo de YouTube, si está bien hecho, es para siempre. Tal vez más que un diamante. Es un ejemplo extremo y nos hace entender hasta dónde podemos llegar. Hay otros vídeos que tienen más de quince años y siguen ahí. Canciones, discursos, películas, documentales, tutoriales. «Evolution of dance»[4], 7 de abril de 2006, todavía recibe comentarios todos los días.

El estudio de los algoritmos de YouTube

¿Por qué estudiarnos los algoritmos de YouTube? Es una pregunta que podrían hacerse los profesionales del SEO, que puede que se salten esta parte del libro (lo que sería una lástima, desde luego). YouTube es el mejor entorno de estudio para cambiar nuestro enfoque de todos los algoritmos de Internet: le damos demasiado peso a las partes técnicas de un algoritmo, tratando de descubrir técnicas y tácticas, mientras que, por el contrario, todo tiene que ser reconducido a una dimensión humana. Y esta verdad es la esencia de cualquier algoritmo: el intento de comprender los parámetros utilizados para analizar nuestro comportamiento. Por desgracia, desde mi punto de vista, cuando se utilizan algoritmos para interpretar el comportamiento humano y sacar luego conclusiones que se convierten en acciones, muchas veces nos encon-

4. https://bit.ly/giorgio87.

tramos con una heterogeneidad de fines[5]. En la práctica, aquellas de nuestras acciones que tienen una intención no hacen sino provocar efectos fuera de esta intención, diferentes, a veces incluso contrarios.

Nos han inculcado que visibilidad significa calidad. Sí, lo sé, el lector estará negando con la cabeza. Yo también. Pero somos pocos, lo aseguro. No es raro escuchar a la gente decir «No tomo en cuenta a esta persona si no tiene 100.000 suscriptores», «No salgo con una persona con menos de 2.000 seguidores». Lo escucho y lo percibo a menudo en los comentarios en YouTube. Pensemos en las colaboraciones: cuando veamos a alguien que tiene millones de suscriptores colaborando con alguien que tiene menos de mil, quiero saberlo. Siempre y cuando no sea un amigo o una amiga. Con todo, seguirá siendo una excepción. La síntesis no ha cambiado, la prueba social también funciona aquí. Podemos agregar mil «peros» y mil «sin embargos», pero la esencia es la misma: «si tiene visibilidad».

Quiero poner un ejemplo extremo una vez más. Tomemos la lista de vídeos más vistos en YouTube[6]. Entre los primeros, diez son vídeos de canciones. Los algoritmos pensarán que la música es el tema más interesante. Y se equivocarán. De cada diez canciones, el 60% son canciones infantiles. El vídeo más visto en YouTube, *Baby Shark Dance*, tiene diez mil millones de visitas. Seguramente se trata de la música más hermosa del mundo. Es la mejor, ¿no?

Con todo, no estamos lejos del razonamiento de los algoritmos. Es evidente que las visualizaciones no nos dicen nada: el parámetro más importante es otro, es decir, el Watch Time. Pero como las canciones tienen un tiempo de permanencia alto porque se escuchan completas y en bucle, aquí el número de reproducciones es relevante.

5. Principio formulado por Wilhem Wundt, según el cual las acciones humanas pueden alcanzar fines distintos de los perseguidos por el sujeto que realiza la acción; en concreto, ello se produce por la suma de las consecuencias y efectos secundarios de la acción, que pueden modificar los fines originales, o dar lugar a nuevas motivaciones de carácter no intencional.
6. https://bit.ly/giorgio88.

El desastre que se deriva de aplicar estos razonamientos a los comportamientos humanos y obtener con algoritmos los indicadores que se utilizarán para decidir qué contenido proponer a continuación es el aumento de la polarización en temas de diversa índole. Lo hemos visto con las fake news, el terrorismo y todas las cosas terribles de las que somos capaces los seres humanos.

Me gustaría ver un futuro más alejado de los algoritmos y más cercano a las personas. Me gusta el enfoque de Telegram: con la versión 8.4, Flavius Florin Harabor, en Connect.gt[7], nos informa de que los canales disponen de reacciones. Telegram permite a quien tenga el canal si activarlas o no. Claro, Telegram no los usa para algoritmos, las personas en Telegram no los usarán para obtener más reacciones y cambiar la visibilidad. Libres de los algoritmos, estaremos en condiciones de usar las cosas para lo que estaban destinadas.

Los principales algoritmos

Ahora que todo el mundo es consciente de que existen problemas de diversa índole, intentemos comprender cuáles son estos algoritmos principales. Para un estudio en profundidad de YouTube como entorno social, hay un recurso disponible en https://www.googleliquido.it/.

Cada área de YouTube tiene diferentes conjuntos de algoritmos que regulan lo que vemos. La página de inicio tiene un sistema diferente al de la búsqueda, al igual que los shorts tienen algoritmos diferentes al de las historias.

Y cada canal tiene su propia historia: si tenemos un canal de tutoriales, es obvio que la gran mayoría del tráfico proviene de una búsqueda; es diferente si se trata de noticias, donde la página de inicio debería funcionar mejor.

Veamos ahora los algoritmos que nos interesan para nuestro viaje, con una pequeña premisa: haré referencia a documentos oficiales, co-

7. https://bit.ly/giorgio89.

mo los consejos que suele dar Rachel Alves, jefa de producto del sistema de recomendaciones de YouTube. Un vídeo informativo muy importante en este campo es: «Behind the Algorithms – How Search and Discovery Works on YouTube»[8], que expliqué en italiano en el vídeo: «¡El algoritmo de YouTube no promueve vídeos!»[9].

El SEO en YouTube

Entendido como optimización para el motor de búsqueda, el SEO en YouTube lleva en su interior una mezcla técnico-humana. El objetivo de YouTube es encontrar los mejores vídeos para que los veamos, por lo que le da peso al título del vídeo y a su descripción. El factor humano, sin embargo, es más importante: no son las visualizaciones las que cuentan, sino el watch time. En este caso, no el porcentaje de vídeos vistos, sino la cantidad de tiempo que la persona pasó en ese vídeo y en los subsiguientes (es decir, en la sesión de visualización, que es parecida a la sesión de navegación).

Básicamente, si queremos asegurarnos de que nuestro vídeo permanezca posicionado entre los primeros en YouTube durante mucho tiempo, debemos crear el mejor recurso de vídeo posible.

La esencia es esa. Hay otras palabras similares entre YouTube y Google: ¡esto no acaba aquí!

La página de inicio de YouTube

Para algunas personas es el lugar más codiciado. El sistema de recomendación de la página de inicio de YouTube tiene como objetivo mostrarnos los vídeos cuya visualización nos producirá mayor satisfacción. Para hacer esto, crea las audiencias por objetivos.

8. https://bit.ly/giorgio90.
9. https://bit.ly/giorgio91.

YouTube trabaja con las audiencias. Imagina a las personas como gotas de agua que deben terminar en el mar. Bajan de las montañas y, antes de desembocar en el río, forman arroyos. Muchos arroyos que desembocan en ríos. Pues eso, las audiencias son como afluentes, y cada uno de nosotros está incluido en varios afluentes. Estas audiencias están basadas en temas: es decir, si me gustan los resúmenes de fútbol de la primera división italiana, seguirá mostrándome este tema. Pero el parámetro que identifica la coincidencia entre un vídeo y yo es la satisfacción. Así que la satisfacción es el objetivo del vídeo.

No conocemos todas las calificaciones de los objetivos de un vídeo, pero algunas son públicas y son aquellas para las que YouTube solicita comentarios al final del vídeo, como se muestra en la figura 7.1.

Además de preguntarnos qué pensamos del vídeo, haciéndonos votar con estrellas (del uno al cinco), nos pregunta por qué lo votamos de esa forma. Es decir, si el vídeo ha supuesto un cambio de vida, informativo, inspirador, útil, etc.

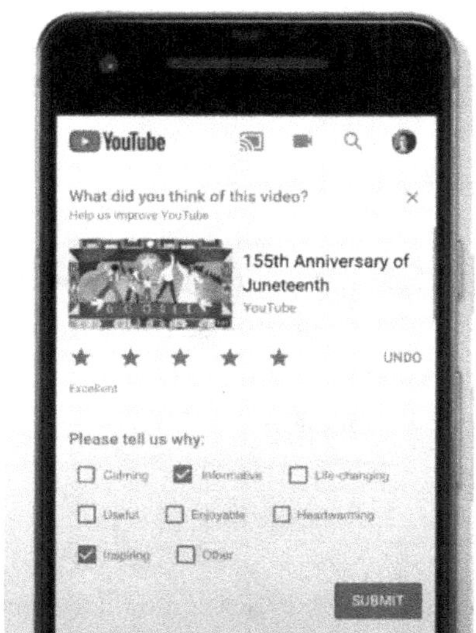

Figura 7.1 – Captura de pantalla de una solicitud de impresiones sobre el vídeo visto en YouTube.

¿Para qué sirven nuestros vídeos? Muchas veces no está claro, pero planteárselo desde un punto de vista estratégico y entender cómo podemos hacerlo realidad luego a nivel técnico es un paso importante.

El sistema de recomendación de la página de inicio no manda visualizaciones a los mejores vídeos, no encuentra personas para los vídeos. Lo que hace es encontrar el vídeo para la persona. Sin duda es un pasaje fundamental a nivel mental. El sistema sabe lo que puede satisfacerme y lo selecciona entre los mejores vídeos de las audiencias de las que formo parte, teniendo en cuenta el tema y el propósito.

Para calcular los vídeos con mejor rendimiento, se analizan tres parámetros:

- Appeal: ¿las personas eligen este vídeo cuando se lo proponen? Los parámetros que se toman en cuenta son el Click-Through Rate[10], y cuando expresamos el feedback «No me interesa/no recomiendo el canal desde la página de inicio de YouTube" (Figura 7.2).
- Engagement: después de hacer clic, ¿durante cuánto tiempo vemos el vídeo (tanto en porcentaje como en acumulación de tiempo)?
- Satisfaction: ¿qué sucede después de la visualización? ¿Interactuamos? ¿Qué feedback proporcionamos?

Pido disculpas por las palabras en inglés, pero son términos oficiales y prefiero recogerlos tal cual, porque de lo contrario cada uno empezará a asociar con estas palabras subsignificados ya presentes en nuestros idiomas, y se producirá confusión.

10. La tasa de clics (a menudo abreviada como CTR) es una medida que pone en proporción la cantidad de veces que se sugiere un vídeo y la cantidad de clics que hacen las personas. Por lo tanto, si el vídeo se ve 1000 veces y se hace clic 100 veces, se dirá que tiene un CTR del 10%.

Figura 7.2 - Acciones disponibles en vídeos concretos en la página de inicio de YouTube.

Así pues, el rendimiento de un vídeo se basa esencialmente en cuánto tiempo lo ve realmente la persona y si esta visualización le resulta satisfactoria. Es conveniente prestar atención, porque la satisfacción no solo está ligada al tiempo: podemos quedar satisfechos después de haber visto un tutorial aunque sea solo durante 20 segundos, porque en esos 20 segundos hemos encontrado exactamente lo que nos interesaba.

Esto es lo interesante: también resulta posible encontrar una manera de hacer que la gente haga clic, y tal vez de que se queden y vean el vídeo, pero la satisfacción triunfa sobre todo. Una vez más: los recursos triunfan sobre los contenidos. Asegurémonos de publicar un vídeo que pueda satisfacer a la gente, y entonces, pero solo entonces, empecemos a pensar en la cantidad. No nos servirán de nada 365 vídeos inútiles.

Una cosa interesante es que se puede entrar de inmediato en los recomendados y que el tráfico que llega desde el exterior (por ejemplo, de Facebook) influye en la entrada al sistema: luego, sin embargo, el vídeo debe demostrar que puede permanecer allí. Lo hace con el cálculo del Engagement, que para YouTube no son las reacciones sino el tiempo total de visualización y su porcentaje. Ah, si vemos el vídeo al doble de velocidad, el tiempo total de visualización se reduce a la mitad; el porcentaje, obviamente no .

Los vídeos recomendados

El sistema de recomendación de los vídeos aconsejados actúa de forma similar al de la página de inicio. La diferencia es que en la página de inicio YouTube se nutre de todos los vídeos de todos los afluentes. En los recomendados, escoge el vídeo partiendo del afluente en el que ya estás, es decir, parte de un vídeo en el que ya estás y que estás viendo, y sabe lo que podrías hacer a continuación.

Por esta razón, mi consejo es tener en el canal muchos vídeos que a la gente le gustaría ver, uno tras otro. Uno de los parámetros interesantes es el Long CTR, es decir, cuánto tardan las personas en generar un tiempo de visualización prolongado. ¿Hacen clic y se van o hacen clic y ven 4 o 5 vídeos?

Razonemos estratégicamente.

Pero no tengamos miedo: si un vídeo sale mal, no afecta al siguiente vídeo. Si nuestros suscriptores no están activos, no pasa nada con el próximo vídeo. YouTube razona por vídeo, nosotros razonamos por canales. Cada vídeo puede ser un canal para YouTube.

Los contenidos de YouTube

Es importante subrayar que YouTube no contiene solo vídeos clásicos. Por supuesto, también hay Shorts, Live streaming y Première (una especie de falso vídeo en vivo). Pero debemos tener en cuenta que también existen publicaciones para la comunidad, donde es posible compartir textos, imágenes, vídeos y encuestas.

Hay historias, comentarios, listas de reproducción, clips, publicidad y podcasts.

Y luego están las personas que se suscriben a canales que ofrecen contenido exclusivo para ellos.

Los shorts o vídeos cortos

Los vídeos cortos de YouTube, la copia de los vídeos de TikTok, tienen diferentes algoritmos y deben abordarse porque acaban tanto en la Búsqueda de Google como en Google Discover.

El parámetro más importante es la «reproducibilidad», es decir, si el vídeo se ve más de una vez, porque permite ganar tiempo de visualización. Los mejores vídeos tienen un tiempo de visualización mayor que la duración del vídeo, porque se ven muchas veces. ¿Cuántos vídeos de acoso escolar se ven muchas veces? De ahí que los algoritmos, por ahora, se encuentran con una absoluta heterogeneidad de fines.

Las cosas importantes que hay que saber y que se aplican a todas las redes sociales son dos:

1. mientras que las historias hablan al público más fidelizado entre las personas que nos siguen, los Shorts intentan llegar al máximo de audiencia alcanzable. Es lo mismo que en TikTok. Se trata de una visión estratégica diferente;
2. los vídeos cortos se basan en emociones. Mientras que el largo tutorial del pastel de chocolate empieza con los ingredientes, aquí comenzamos con el resultado final. Se nos muestra de inmediato el pastel, haciendo que nos entren las ganas y luego, con suerte, se nos explica rápidamente la receta. Lo que ganan son las emociones. Y como las emociones duran poco, tenemos que apañárnoslas para conseguir que la emoción dure más que el vídeo. Y no resulta fácil mantenerlo durante mucho tiempo. Sin embargo, si permanece, la emoción debe descargarse de alguna manera con una acción (¿un «Me gusta»?).

Los vídeos cortos deben emplearse con conciencia: la velocidad con la que usamos estos contenidos no nos permite estar realmente atentos ni ser responsables. No tenemos tiempo para activarnos.

Roberto Mancini, profesor titular de Filosofía Teórica de la Universidad de Macerata, afirma que «la responsabilidad es literalmente la capacidad de responder», no de reaccionar. Reaccionamos en las redes sociales. Por otro lado, «reaccionar significa moverse automáticamente de acuerdo con el impulso que proviene del estímulo, responder significa establecer una distancia con el estímulo, creando un espacio de libertad en el que elegimos qué respuesta dar»[11].

La integración con el ecosistema de Google

15 de noviembre de 2021.

Se publica un artículo titulado: «Building a Next Generation Live Shopping Experience»[12] en el blog de YouTube. Algunas personas muy conocidas hicieron un show en vivo, en el que vendieron algunos productos. En directo.

Esta será una de las tendencias de los próximos años, y muchas empresas están apostando por este tipo de venta.

El potencial del ecosistema está ahí: hacemos un *live* en YouTube en el que presentamos un producto que puede comprarse rápidamente con Google Shopping, pagando directamente mientras estamos en vivo. Además, podemos anunciarnos para aumentar la visibilidad. Con los televisores inteligentes eso será un gran negocio.

YouTube, sin duda, resulta privilegiado por Google: la visibilidad de sus vídeos en los resultados de búsqueda es sensacional, los Shorts se incluyen por todas partes, desde Search hasta Google Discover. Y esto no es por la calidad del producto, sino porque es un negocio importante.

Los vídeos están increíblemente integrados. La figura 7.3 muestra el sueño de todo el mundo: tener un vídeo no solo en la primera posición

11. Roberto Mancini, *Orientarsi nella vita*, Qiqajon, Milán, 2015.
12. https://bit.ly/giorgio92.

sino con la imagen gigante. Tanto desde el móvil como desde el escritorio es imposible saltárselo, este es el vídeo que necesitábamos.

Figura 7.3 – Resultado de la búsqueda en Google de la clave [vetusta morla copenhague].

Además de este tipo de visualización, tenemos la de los momentos clave del vídeo, como se puede ver en la figura 7.4.

Los momentos clave pueden obtenerse si disponemos de los capítulos del vídeo de YouTube[13] que se insertan como descripción del vídeo o los genera automáticamente el propio YouTube. Y podemos manejarlos en caso de que el vídeo esté en nuestro sitio a través de la guía oficial[14].

13. Página oficial de YouTube sobre capítulos: https://bit.ly/giorgio93
14. https://bit.ly/giorgio95,

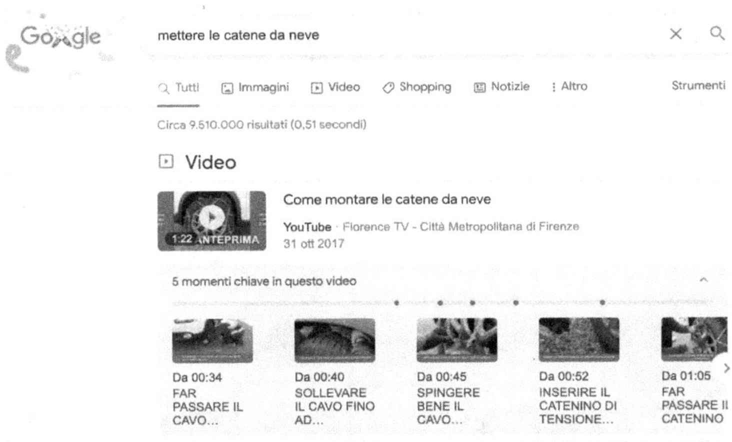

Figura 7.4 – Resultado de la búsqueda en Google de la clave en italiano [*mettere le catene da neve*], [*poner cadenas de nieve*], con momentos clave.

La Búsqueda de Google también puede remitirnos a un fragmento de un vídeo, para ahorrarnos tiempo, como se puede ver en la figura 7.5.

Estos son tres de los tipos de visualización entre las más codiciadas de los vídeos en los resultados de búsqueda. Evidentemente no debemos olvidar nunca el recuadro de vídeo que aparece en muchas búsquedas y que es quizá el que más tráfico aporta a los vídeos a nivel global.

La visibilidad de los vídeos dentro del ecosistema de Google a veces está impulsada por el interés (como con los Shorts), a veces porque es muy útil, como muchos tutoriales específicos en vídeo. Cuando el vídeo se clasifica bien dentro de los resultados de búsqueda de Google (excluyendo los Shorts), es porque tiene características precisas. Además de responder a las necesidades de las personas, tener un título y una descripción adecuados y, probablemente, poseer parámetros de tiempo de visualización idóneos, hay un factor que diferencia su visibilidad: la inserción del vídeo.

Figura 7.5 – Resultado de la búsqueda en Google de la clave [cómo limpiar el filtro de una lavadora].

Para Google, una inserción de un vídeo es equivalente a un enlace. Por lo tanto, asegurémonos de que el vídeo esté bien distribuido en Internet. Y si hemos creado un buen producto vídeo, un recurso que funciona, destinemos un buen presupuesto para publicidad: puede ser decisivo.

8 La publicidad líquida

Una filosofía empresarial

En la figura 1.4, hemos agrupado todos los logotipos de propiedad de Google que superan los mil millones de usuarios y usuarias. Hemos partido de ahí para definir que Google es un ecosistema líquido, y en la parte dedicada a los recursos decíamos que proporcionamos información a Google y luego perdemos el control de ella. Se trata de un pasaje mental muy importante. Cualquier información que adquiere Google termina en su ecosistema líquido, por lo que ya no se puede controlar. Así funciona para todos los índices de Google: por ejemplo, posee el índice de las páginas, de las entidades, de la información que la gente le ofrece, como en Google Maps. Contribuimos en Google Maps y esto puede terminar potencialmente en cualquier lugar.

He dedicado los últimos años de mi actividad divulgadora a difundir precisamente esta información y a hacer que se entienda, porque representa un cambio en el sistema de juego para nuestro trabajo. Empecé en 2019, en la decimocuarta edición de Search Marketing Connect[1], durante la cual planteé que nuestro problema era considerar a Google todavía como un motor de búsqueda o, como mucho, un motor de respuesta, mientras que en cambio es un ecosistema. El título de mi charla fue: «La revolución de Google que aún tenemos que entender».

Google probablemente tardará unos años más, pero este cambio no solo atañe al buscador sino a toda la empresa. Cada parte de lo que posee formará parte de su ecosistema.

La primera publicidad líquida real

2 de noviembre de 2021.

Bajo el nombre de Eduardo Indacochea, Director Senior de Google, se publica el artículo titulado: «Performance Max campaigns launch to

1. Sitio oficial: https://bit.ly/giorgio96.

all advertisers»[2]. Tras un período de menos de un año en el que esta campaña permaneció en beta, Google decidió relanzarla a nivel mundial, presentándola de una manera innovadora.

La imagen representativa es la que podemos ver en la figura 8.1.

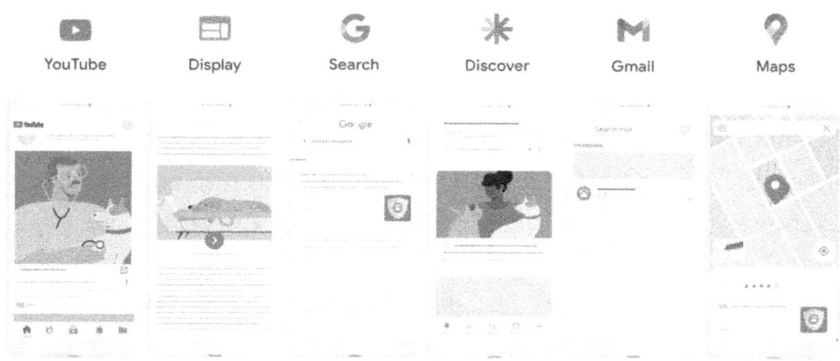

Figura 8.1 - Imagen que utiliza Google para mostrar todas las posibilidades de publicidad de su ecosistema.

Sí, recuerda mucho a la imagen inicial de este libro y a buena parte de la divulgación que se ha hecho en los últimos años. Pero permítaseme decir una cosa: no es por la imagen por lo que estoy contento, sino por la filosofía que hay detrás, que es exactamente la que se describe en estas páginas. La imagen muestra los diferentes formatos publicitarios que pueden utilizarse con este tipo de campañas en los distintos puntos del ecosistema de Google y, en este caso, YouTube, Display, Search, Discover, Gmail, Maps. Pero la filosofía, que simplifico, es la siguiente: si algún cliente tiene un proyecto, debe decidir los objetivos de conversión y cuánto vale económicamente una conversión, así como el presupuesto, emplear toda su creatividad, enviarnos alguna información sobre su público y ya nos encargaremos nosotros de los demás.

2. Artículo: https://bit.ly/giorgio97.

Lo simplificaré aún más: que nos den todas las piezas de sus anuncios, nos digan cuánto quieren gastarse, y conseguiremos que ganen dinero.

En la práctica, Google ha automatizado, gracias también al uso de la inteligencia artificial, todo el proceso de una campaña. Y al igual que con la Búsqueda, proporcionamos información a Google y él la coloca donde quiere. En la página oficial de las creatividades que podemos dar a Google[3], puede verse que tenemos la posibilidad de proporcionar texto, imágenes y vídeos. Por ejemplo, podemos subir hasta cinco titulares, cuatro descripciones, veinte imágenes de distintos tamaños, varios vídeos. En definitiva, quizá sea la publicidad el ámbito en el que mejor se representa el concepto de ecosistema líquido. Considero que es algo normal, dado que es el motor de la empresa.

Y esta será la dirección de todas las próximas campañas de Google: cualquier sector tendrá la posibilidad de anunciarse de esta manera.

Esto cambia muchas cosas, pero va en la dirección en la que se mueve todo Internet: las empresas son ecosistemas. Si por un lado Google está facilitando el acceso al mercado, tratando de quitarle peso al conocimiento tecnológico, por otro lado se requiere un nivel de competencia cada vez mayor.

Por ejemplo, yo no podría realizar una campaña clásica de Google Ads porque me falta mucho conocimiento sobre la plataforma, pero sí podría realizar este tipo de campaña que acaba de lanzar Google. Sin embargo, su simplicidad es mera ilusión: si bien es cierto que se requiere menos conocimiento de la plataforma, por otro se hace necesaria más competencia en toda otra serie de cosas. Cuanto más fácil sea de usar, más fácil y rápido resultará equivocarse.

Para dar otro ejemplo, hablemos de Shopify.

Shopify ha brindado a muchas personas la oportunidad de crear su propio comercio electrónico al reducir las exigencias de competencia tecnológica. Se ha aliado con varias empresas sociales y de pago para

3. https://bit.ly/giorgio98.

expandir un ecosistema que poco a poco se irá integrando cada vez más con el resto de realidades de Internet, y esto ofrece aún más la ilusión de poder levantar fácilmente un comercio electrónico; pero quienes trabajan en este mundo lo saben bien: ¡hay muchas otras cosas de las que debemos preocuparnos antes de conectarnos!

La publicidad en el mundo que nos rodea

Una publicidad líquida que se precie debe acabar en todas partes. Durante una transmisión en vivo en YouTube dedicada al tema, Marco Onorati comenta: «Si el automóvil acaba siendo de conducción autónoma, el navegador se convertirá a su vez en un televisor para pasar el tiempo mientras llegas a tu destino. Google tiene Android Auto»[4].

Disponer de una masa crítica de coches de conducción autónoma nos llevará más tiempo que poner patas arriba el sistema de publicidad televisiva.

4 de octubre de 2021.

Romana Pawar, directora y jefa de producto de YouTube Ads, firma un artículo titulado: «A shoppable TV screen with YouTube»[5]. Según datos internos de YouTube, 120 millones de personas vieron YouTube en televisores inteligentes en diciembre de 2020. En Italia, de nuevo según estos datos, en mayo de 2021 fueron 10 millones[6]. Los televisores inteligentes acabarán destruyendo tanto los canales tradicionales como la publicidad tradicional, y con una Web Story[7] Google nos muestra cómo están cambiando los hábitos de quienes los usan. Esto nos permite hacer un anuncio de YouTube dedicado a televisores inteligentes, con objetivos de ventas o generación de leads. En la parte

4. https://bit.ly/giorgio99
5. https://bit.ly/giorgio100.
6. Recomiendo buscar siempre los últimos datos actualizados de Auditel-Censis: en noviembre de 2021 había 15 millones de Smart TV frente a los ordenadores personales, que se quedaron en 19 millones. Pronto, en Italia, tendremos más Smart TV que ordenadores.
7. https://bit.ly/giorgio101.

inferior del anuncio hay una invitación para abrir una dirección, lo que puede hacerse con un teléfono inteligente, y en ese momento Google rastrea varias cosas, como las acciones de las personas, las visitas, los inicios de sesión, las compras y así sucesivamente. Google sabe la cuenta con la que estás viendo tu televisor inteligente y sabe desde qué cuenta estás usando el teléfono.

Y estamos solo al principio. Ya se están realizando muchos test para integraciones a un nivel mucho más alto, porque Google quiere acapararlo todo.

Para los televisores inteligentes tendremos un aumento importante en la experiencia de las aplicaciones individuales. La aplicación de YouTube se volverá mucho más interactiva, los sistemas operativos de los televisores inteligentes o los que conectemos por nuestra cuenta, como Chromecast o Fire TV Stick, serán cada vez más inteligentes.

No solo será más fácil interactuar con estos sistemas, sino que tendremos opciones en los controles remotos para comprar un producto o se activarán aplicaciones especiales en los móviles. No nos resultará tan increíble ver un anuncio concebido en YouTube en uno de los canales de televisión tradicionales. No será una sorpresa tampoco realizar una acción para ir directamente a la venta: ya sea desde el mando a distancia, el móvil teléfono inteligente o un asistente de voz, que ahora podemos tener en todas partes, desde la nevera hasta el espejo.

Esta revolución también afectará a la publicidad exterior (out-of-home) que ya puede integrarse con NFC, QR Code y los mandos a distancia. Afectará a las radios cuando el mercado esté completamente distorsionado.

De hecho, los sistemas tradicionales están creando soluciones digitales para anunciarse en sus redes. ¿Alguna vez hemos oído hablar de SkyMedia, la agencia de publicidad en línea de Sky que administra y planifica la publicidad en más de 15 plataformas digitales, incluidos sitios web y aplicaciones[8]?

8. https://bit.ly/giorgio102.

Lo mismo ocurre con Mediamond (con Mediamond para Digital), Digitalia para el fútbol (la publicidad en DAZN la gestiona Mediaset) y Publitalia, que trabaja en televisión, radio y en la Addressable TV.

Una vez que la publicidad tradicional haya realizado la transición a las plataformas digitales para administrar el flujo publicitario, empezaremos a ver integraciones importantes. Y no hay que descartar que Google pueda perfectamente llegar a un acuerdo para gestionar la publicidad en algunos medios tradicionales de forma exclusiva.

9 Conclusiones: Internet es líquido

El nacimiento de los ecosistemas: Google y otros ejemplos

No sabría señalar cuándo nació el primer ecosistema digital. Técnicamente han pasado muchos años, pero una cosa es nacer y otra diferente crear algo que funcione. Un ecosistema en funcionamiento es el de Amazon, de eso no cabe duda. La integración que ha tenido siempre ha sido muy líquida. Tan pronto como Amazon adquirió Twitch, fue posible usar Prime para suscribirse a los canales de forma gratuita. Lo mismo ocurre con Alexa, que rápidamente se integró con todo.

Otro ejemplo más sencillo es la relación entre Instagram y Facebook, que resulta evidente al tratar de llevar el contenido de Instagram a Facebook. Que no tienen nada que ver, pero bueno, es un extra de visibilidad (así razonamos de manera superficial).

Más complejo fue el asunto para Google, que siempre ha estado compuesto por muchas cosas, y reunirlas sin problemas no resulta tan fácil. Baste con pensar en el desastre que organizó Google con Google Plus y su integración, donde todo tenía que girar en torno a ese medio social, pues bien, eso me hace creer que no fue nada fácil.

Pero hoy es diferente, porque Google ha cambiado su enfoque. Lo importante para Google ahora es seguir organizando la información de Internet. Lo importante es crear estándares donde pueda dirigir el mercado. No se interesa en exceso por su propio metaverso, pero Google ciertamente se preocupa por la plataforma en la que basar los metaversos de todos los demás. Por otro lado, la adquisición de Android se hizo porque uno de los competidores más fuertes de Google es Apple[1]. Si dispones del hardware y el software, puedes controlar el mundo.

Pero el hambre de Google es más grande que la de todos los demás. ¿Qué Amazon pretende convertirse en la tienda en línea más grande del mundo? Tiene que lidiar con Alibaba, porque Google, en cambio, pre-

1. Recomiendo leer este artículo de Tim Bray: https://bit.ly/giorgio103.

tende convertirse en el agregador de todas las tiendas del mundo: en línea y fuera de línea.

Se trata, sin duda, de un nivel más alto, de una visión diferente.

Llevo muchos años defendiendo que Google es la Biblioteca del Mundo, y en este libro he intentado explicar las otras realidades de Google.

Google Discover solo puede ser su quiosco de periódicos.

YouTube es su televisión.

Travel es su asistente de viaje.

Shooping es su tienda.

Google Assistant es nuestro mayordomo.

Assistant es interesante porque nos permite realizar acciones tanto en el mundo físico como en el virtual, y pronto será fácil reservar un hotel dejando que lo haga él. Assistant es otra puerta de acceso al ecosistema de Google.

Pero lo que los gigantes tecnológicos aún no han entendido de Google es que, a diferencia de ellos, Google mantiene sus ojos enfocados en el mundo, no en el mundo en línea. Hoy cualquier estadística, por ejemplo, nos dice que la mayoría de las transacciones provienen del mundo fuera de línea. Y Google, para intentar encajar en todo esto, ha creado lo que denomina Mensajes 2.0 en su sistema Android. Muchas empresas comerciales que tienen perfil en Google pueden activar el chatbot o chat, para que una persona pueda interactuar directamente. Y está intentando dar servicios a los comercios para automatizar los procesos que llevan la información a la red: en el futuro el sistema de inteligencia artificial de mi móvil se conectará con el de la tienda, y sin ningún esfuerzo podrá comprobar si tienen un determinado producto o si hay sitio en el restaurante. Y podrá reservar en mi nombre. Y los minoristas no tendrán que hacer muchos esfuerzos para conectar toda esa información con Google: todo estará completamente integrado en su ecosistema líquido. Es algo que solo podemos vislumbrar hoy, pero que no está muy lejos.

Una de las integraciones más increíbles es la que existe entre Google Shooping y el resto del ecosistema. Para ser visible en Shopping es necesario darle a Google un feed, un listado de todos nuestros productos con sus características clásicas. A través del Merchant Center[2], puede proporcionarse ese feed. Lo interesante es que no necesariamente tenemos que tener un comercio electrónico, sino que incluso una tienda física sin versión en línea puede abastecer a Google con sus productos. Esta novedad llegó a Italia en marzo de 2022 y la describí en una edición especial de mi FastLetter, titulada: «Google: aquí está el comercio electrónico del Mundo»[3].

Ahora bien, ¿dónde acaban estos productos? En todas partes.

Por ejemplo:

- En Google Shopping.
- En Google Maps (podemos buscar un producto cerca de nosotros, y con Google Lens podemos incluso enfocar el producto mientras estamos en un supermercado, para saber si es más barato en línea o en una tienda cercana).
- En la Búsqueda de Google y sus miles de millones de recuadros especializados.
- En Google Discover.
- En Youtube.
- En Google Imágenes.
- En Google Assistant.

Lo interesante es esto precisamente. Cada cosa nueva que va a parar a Google vive en muchísimas propiedades con mil millones de usuarios y usuarias al mes. Es impensable que todas las realidades tengan información destacada. Sí, tal vez la tengan, pero hay un punto de acceso común desde el que empezar.

2. https://bit.ly/giorgio104.
3. https://bit.ly/giorgio105.

Y no solo eso: Google crea bases de datos específicas. Para productos cuenta con la base de datos llamada Shopping Graph, de la cual se extraen todas las realidades de Google. El nombre del recuadro de información dedicado a los productos se denomina Product Knowledge Panel. Potencialmente, si nuestro negocio vende un producto conocido, no deberíamos necesitar introducir información ya conocida, porque Google ya la conoce. Pero claro, por ahora debemos seguir haciéndolo.

La distribución de la información es fundamental, y por eso estamos asistiendo a tímidas aperturas de los ecosistemas hacia el exterior, hacia otros ecosistemas.

Giovanni Cappellotto, durante el Search Marketing Connect de diciembre de 2021[4], dijo que tenemos el 50% de los vendedores en los marketplace y que estos están creciendo el doble que el comercio electrónico. Y los marketplace se agregan. Si no hay apertura, no hay agregación.

La apertura de los ecosistemas

Una realidad que comienza a abrirse a otros ecosistemas, con los consiguientes beneficios para ambos es Shopify. En Estados Unidos más que en otros lugares, pero lo estamos empezando a ver también en Europa: desde acuerdos con medios sociales para vender productos directamente en esas plataformas hasta acuerdos locales con plataformas de pago (en Italia Satispay).

A fines de 2021, Google empezó a pedir que los Merchant integraran Amazon, y tomó el feed de Amazon y lo replicó.

Un ejemplo claro es el de los podcasts, que siempre han funcionado así. Creamos un podcast y podemos distribuirlo a través de feeds en todas las plataformas.

4. G. Cappellotto, «Cuatro palabras para el comercio electrónico del mañana», presentado en SMConnect 2021, Rímini, 3 de diciembre de 2021.

Estas tímidas aperturas nos permiten entender que el rumbo que tomará el futuro está cada vez más definido: se hace necesario, por lo tanto, disponer de la propiedad de nuestros datos, ser la fuente de donde parten y poseer un control total sobre ellos. Las empresas individuales tendrán menos poder, habrá más descentralización y tendremos que inventar sistemas de éxito para obtener datos de primera mano. Son el futuro, desde hace muchos años. Pero siempre hemos optado por fingir que no era así.

Internet es líquido

Esta es la orientación de internet líquido: menos empresas dictando las reglas y más estándares compartidos de los cuales extraer información.

Ya sean feeds, datos estructurados (schema.org), un sitemap o cualquier otra cosa, lo que necesitamos es que surjan más estándares, ya sean aceptados por las grandes empresas, ya sea imponiéndoselos, y que estos datos estén descentralizados y en nuestro poder. Esperemos, por lo tanto, la Web 3.0 o su posterior desarrollo, confiando en que refleje los mejores valores que expresa, sin convertirse en otra heterogeneidad de fines.

Por eso me reafirmo: hemos de convertirnos en fuente, de convertirnos en medios.

Respetemos a las personas: tratémoslas como si fueran nuestros amigos.

Espero que al final de este libro finalmente podamos usar la frase de apertura, añadiendo una palabra extra:

«Ya no estamos estancados en 2007».

www.ingramcontent.com/pod-product-compliance
Lightning Source LLC
LaVergne TN
LVHW010919051026
849532LV00003B/755
* 9 7 9 1 2 5 4 9 9 0 0 6 3 *